ものの見方が変わる

シン・読書術

日本トップレベルの「読書家」

渡邊康弘

サンマーク出版

せっかく買ったのに、**全部読めない**。
集中力が続かなくて、最後までたどりつけない。
買った本がどんどんたまって**積読になる**。
一生懸命読んだのに、**内容を覚えていない**。
速く読みたいのに、速く読むことができない。

本は、自分自身のため、あなた自身のために読むもの。
これまでの常識を手放し、**新しい常識を手にしよう**。
ここから、読書の見方を変えていこう。

全部読めなくってもいい。
集中は途切れてもいい。
積読しててもいい。
内容は全部覚えていなくてもいい。
読む速度は気にしなくてもいい。

あなた自身のために読む読書術＝「シン・読書術」で
もっと読書が楽しくなる。
いつの間にか、ものの見方が変わってくる。
いつの間にか、人生が変わってくる。

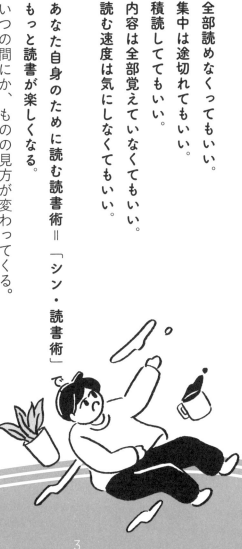

プロローグ――これからの読書の世界へようこそ

一章 ものの見方を変える「読書の新常識」

二章

クリエイティブな能力を磨き、地頭をよくするシン・読書術

三章

論理的な思考力を磨き、頭がよくなるシン・読書術

八章 不確実な時代を生き抜くためのシン・読書術

装丁・本文デザイン　喜來詩織（エントツ）
装丁・本文イラスト　カヤヒロヤ
DTP　朝日メディアインターナショナル
編集協力　株式会社ぷれす
編集　金子尚美（サンマーク出版）

プロローグ

これからの読書の世界へようこそ

◎読書の罪悪感、ありませんか？

読書とは、心に響く一文に出合えるかどうか——。

「この本を読んでよかった」というのは、心に響く一文に出合えることで生まれる。

だから、**一冊に何時間もかける必要がない**。

でも、「この本をもっと読みたい」「この本の内容を知りたい」と、思う本もあるよね。心からそう思えるならば、**一冊に何時間かけてもいい**。

そう、読書は〝自由〟なんだ。

ただ、そうは言っても読書には罪悪感がつきもの。

- 一冊すべてを読み込まなくてはならない
- 著者の意見を正しく読まないといけない
- 読んだ内容を記憶して、誰かに話さないといけない
- 速く読みたいけど、速読は不自然だし、時間もかかるからダメ
- 読書にはまとまった時間が必要だし、集中しなくてはならない
- 手に入れたらすぐに読み終わらないといけない（積読なんてはずかしい！）

こんな罪悪感をもってはいないだろうか？

本書は、そうした読書の罪悪感を払拭し、**最新の脳科学、認知心理学などの学説から、読書のこれまでの常識を変え、人生に対する「ものの見方」まで変える一冊だ。**

これまでの読書アプローチとは、まったく異なる部分もあることから「**シン・読書術**」として受け取ってほしい。

この「シン」はさまざまな意味が含まれている。

単純に「新」しいものでもあるし、他にも、「真」「深」「信」――とたくさん意味を込めている。ちなみに、英語ではsinは「罪」だし、synは「共」だ。

これから、シン・読書術について、お話ししていこう。

◎七〇年ごとに訪れる時代の転換期には常識が覆る!

シン・読書術の説明の前に、なぜぼくがこんな提案をするのかという話をさせてほしい。

ぼくは、いくつかの事業を立ち上げたり、経営コンサルティングをしたりといったビジネスをしている。立ち上げに関わった企業には、上場した企業もある。

その傍《かたわ》ら、常に読書をしている。**年間読書冊数は三〇〇〇冊。これまでに二万五〇〇〇冊以上の本を読んできた。**

ビジネス書、人文書、理工書、小説、ライトノベル、コミックや雑誌まで、とにかくあらゆる出版物を読んでいる。数年前からは電子書籍も取り入れて読んでいるし、都内のある一書店に、本代として八〇〇〇万円近くのお金も投じてきた。

そうして、とくに脳科学、認知心理学、行動心理学、物理学などの専門書、論文などを参考に、新たな読書法を生み出してきた。

数々の本を読み、そして読書を研究してきてわかったことがある。

それは、**これからの時代、生き抜くためには本を読むことが必須**だということ。

ぼくらはいま時代の転換期にいる。これは、誰もが気づいていることだろう。

じつは、日本の歴史で見れば七〇年間隔で時代は変わっている。

いま（二〇二二年）から七〇年前は、一九五一年・終戦。サンフランシスコ平和条約締結。

いまから一四〇年前は、一八八一年・明治十四年の政変。

この両方の時代の後に、世の中の人の「ものの見方」がガラリと変わったというのは、想像がつくだろう。そう、時代の転換期のとき、ぼくたちに必要なものは、これまでとは違う「新しいものの見方」だ。

新しい時代は、いままでの常識が非常識となる。

これまでの非常識が常識となる。

そして、自ら真実を追い求め、確認していくことがより一層求められる時代になる。

◎本は著者のものの見方を体験できるツールでもある

では、ものの見方を変えるためには、どうしたらいいのだろうか?

人の話を聞く、いろんな体験をするなどが思いつくだろう。

時間とお金をかければ、さまざまな方法で可能なのかもしれない。

でも、一番手っ取り早いのが「本を読む」ということだ。

実際、ぼくが主宰する読書コミュニティで「本を読むメリット」についてアンケートを取ったところ、このような結果が出た。

- 著者の体験の疑似体験ができる
- 日常の世界から非日常の世界へ逃避できる
- 時代を超えることができる
- まとまった良質な情報を取り入れられる

ぼくの考える本を読むメリットの一番は、やはり作者の体験を疑似体験できること。**本を読むことによって作者の視点やものの見方といった、自分とは異なるものを手に入れられるのはお得だよね。**

それに、本は自分の生きた年数よりもさかのぼることのできる唯一の方法でもある。**本によって時代をさかのぼり、先人たちの知恵やものの見方を身に付けられる。**

他人のものの見方を知ったくらいで、自分のものの見方が新しくなるとは限らない——そう思った人もいるだろうか？　たしかに、ぼくも以前は「そんなに本を読んでも意味なんてないよ」と、よく言われた。

だけど、ぼくが本を読めるようになってからこの一五年間、大量に読んできて実感したことがある。**読んだ本の冊数が増えれば増えるほど、自分の中に情報の判別、認識のパターンがたまっていき、ものの見方が変わってくる。**

そして、よりスピーディーに自動的にほしい情報が入ってきやすくなる。

すると、ものの見方も新しくなり、**自分の言いたいこと、自分がこれからすべきこ**

との新たな方向性が見えてくるのだ。さらに、この傾向は本をどんどん読めば読むほどましていく。いろいろなものの見方ができるようにもなるのだ。

◎新時代は、「答え」を知るより「問い」を見つけることが重要

これまでの時代といま、なにがもっとも違うのか――。

それは、「答え」がすでに存在するか、しないかだ。

いままでは、いい大学に入り、いい会社に入っていい老後を迎えるという「答え」がすでにあった。しかし、いまやこのベストな人生モデルは失われはじめている。

リーマンショック、震災、新型コロナウイルス流行といった社会的に大きな変動が生まれてしまえば、どんな生き方をしていても決まりきった答えはない。

その答えは、教わるのではなく作り出していかなければならない。**すでにある答えを知ることよりも、「新しい問い」を見つけ、自分なりの答えを導き出すことが重要になってくる。**

一人ひとりが新しい問いを立て、そして一人ひとりが新しい答えを作り出していく。

　そのために求められるスキルというのは、**いかにしてものの見方を変えて、これまでの常識とは異なった事実を見出《みいだ》し、問いを元に他者と共鳴し合い、行動できるかだ。**

　本は、著者の体験を疑似体験できるもの。

　著者がどのような問いをし、どのような答えを導き出し、その本を生み出したのかを体験することができる。読書は、**その過去の思考プロセスを学べると同時に、自分とは違った思考、ものの見方を学べるという点で最良のものだ。**

　そして、これからお話ししていく読書術は、すでにある答えを見つけるものではなく、新しい問いを見つけるための読書術＝シン・読書術だ。

◎読書はこれからの「頭のよさ」を磨いてくれる

　すでにある答えではなく、新しい問いを見つけるシン・読書術は、これからの時代を生き抜く「頭のよさ」が身に付くようになっている。

　「頭のよさ」とは、学力に表れているものだけではない。

社会に出て表れるクリエイティブな発想ができる地頭のよさが必要だ。

いままでのような、すでに成功の型が決まっている社会の場合には、学力、理性的な頭のよさが求められてきた。

しかし、不確実な時代、変化が激しい時代には、地頭のよさが重要になってくる。

この頭のよさは、直感的、本能的なもの。**正しさを探すのではなく、生き延びるために、問いを作り、ベターな答えを見出し進んでいく力だ。**

もちろん、この地頭のよさだけがいいと言っているわけではない。

これからの時代には、本能が優位の地頭のよさ、理性が優位の頭のよさ、「この両方を統合していく頭のよさ」が求められる。

その頭のよさを磨くには、やはり読書だ。

ただ、いざ本を読もうとしても読めないという人も多いだろう。

それは、統計データにも表れている。二〇一八年度の文化庁のデータでは、八五％の人が一か月に三冊も読まないといった現状だ。

本を読まない人が増えているのは、冒頭でお話しした「一冊すべてを読み込まなくてはならない」「読んだ内容を記憶して、誰かに話さないといけない」や、「積読になるくらいなら最初から手に取らない」――という、「罪悪感」によるものもあるのだろう。


さまざまな情報メディアがあるなか、本を読むのは大変だ。

動画や音楽と違い、ただボタンやスイッチを入れたりするだけで自動的に楽しめる情報媒体ではない。本は、自ら主体となって情報を得ようとしないかぎり得られない。

だけど、ちょっと**読書に対する見方を変えることで、時間もかからず新しい視点を教えてくれるメディアだ**ということに気づかされる。

◎これからはどう読む？　読書の常識を覆すシン・読書術

くわしくお話ししていく前に、これからの読書の新常識とは具体的にはどういうものか、簡単に紹介しておこう。

たとえば、読む時間がなくてたまってしまう「積読」。

新しい常識では、ＯＫなんだ！　**潜在意識には情報を伝えているという効果もあるし、簡単な解消法もある。**

つぎに、一度読んだら忘れないようにできたらいいよね。

これも、読んで内容を忘れてもＯＫ。むしろ、思い出す練習をするほうが重要。一回読んだら、どんな内容が書いてあったのか**思い出すほうが記憶に残ることがわかっている。**

最初のページから最終ページまで読んで、著者の意見を理解しようとして、いつも途中でくじけることがあるよね。それも、ＯＫ。

最初の読書は自分に役立つところから読みはじめるといい。**なぜなら、脳は「正しい」ことより「役立つ」ことを記憶するから。**

他にも、これまでの読書のイメージが、罪悪感を生んでいるものもある。

そうした罪悪感を、最新の脳科学、認知心理学の学説をベースとしたシン・読書術で一掃する。そして、もっと読書が、人生が、楽しくラクになるためにお話ししていく。

他にも、本書ではこのようなシン・読書術をお届けしていく。

- 読書は三分でもOK、一日のはじまりに触れた情報で一日が決まる
- 全部読まなくてもいい、読書は「自分のため」に読むもの
- 斜め読みOK、キーワードをつなげて読むことがデジタル社会の読み方
- まとまった時間がなくてもいい、休憩をはさみながらのほうが結果は出る
- 指を使えば、速く読めて集中できる
- 著者と共振することで多種多様なものの見方ができるようになる
- 本を読む前も大事。呼吸と水分で脳を活性化する
- 著者の意見は「〜とは」で探し、論理マーカーで予測して読める
- 段落のプラスマイナスで、著者の感情をつかむ
- 読書をモノにするには、フィードバックが不可欠
- 「〜とは」「あえて」「〜といえば」のマーケティング読み

どうだろう。いままでの読書の常識とは異なることが多いよね。

これから、シン・読書術を通して、新たな時代を生き抜くための「自分なりの答え」である「なりたい自分」を築いてほしい。

プロローグの最後にひとつの提案がある。

この本の中で実践してもいいと思ったものがあったら、メモしてほしい。あとはメモをはさんで、この本は本棚に突っ込んでおき、時間を置いてから、あらためてこの本を開いてほしい。いまのあなたから想像できないあなたになっていること、そして、新しい世界が生まれはじめていることに気づくかもしれない。

心に響く一文が見つかることで、未来が出現する。

さあ、新しい未来のために、ページをめくろう。

一章

ものの見方を変える「読書の新常識」

脳のリミッターを外し、読書の可能性を広げよう！

読書はしたほうがいいと思う。

でも、読書に対して罪悪感でいっぱい――。

せっかく買ったのに、全部読めない。

集中力が続かなくて、最後までたどりつけない。

買った本がどんどんたまって積読になる。

一生懸命読んだのに、内容を覚えていない。

速く読みたいのに、速く読むことができない。

「しなければいけない」「こうやらなければいけない」

こう思うからこそ、読書に対する罪悪感がたまってくる。

本来は、自分のために買ったり、図書館で借りたりしたはず。

気づいたら、「最後まで読めなくて、ごめんなさい」「内容を覚えていなくて、ごめんなさい」「本の内容を活用できなくて、ごめんなさい」「泣けなくて、ごめんなさい」「一冊すべて読めなくて、ごめんなさい」「積読にしてしまって、ごめんなさい」――。罪悪感でいっぱい。そして、本を読まなくなってしまう。

正直なところ、できなくたって、いい。

読書に対する「見方」を変えればいいんだ。

変化していく時代の中で大事なことは、これまでの常識を手放し、新しい常識を手にすることができるのかということ。

こういうものだという常識にしがみつくかぎり、あなたの脳のリミッターはかかったままだ。

もっと読書は可能性に満ちている。

ちなみに、これまで数々の読書術が生まれ、解説本もたくさん出ている。じつはこの手の本は、他の読書術・読書法の否定から入ることも多い。だから、ますます罪悪感でいっぱいになる人もいる。

でもね、ぼくが長年研究した結果によると、**どの読書術も、見方によっては肯定できる。**そして、これまでに、読書会、読書セミナー、速読セミナーで延べ一万人という人を教えてきてわかったことがある。

読書は、読む前のビフォーと、読んだ後のアフターが生まれればそれでいい。

読んだ後、気持ちが動いたり、一歩踏み出せたり、あなたの中になにかが残ったり——読む前の自分とほんの少しでも変わればいいんだ。

どんな読み方したっていいじゃない。

もう、なにかを否定する読書術・読書法は終わり。

ものの見方を変えて、これまでの読書の罪悪感を取り払おう。

読書の常識を新しいものに転換させよう

いままでの常識

読書の自由を取り戻そう

「自分のため」に読むのがシン・読書術

読書には、大きく分けると二種類ある。

ひとつは、「著者の意見」を理解すること。

最初のページの一行目から最終ページの最終行まで、くまなく読み飛ばしなく直線的に読んでいくもの。

これまでの学校教育では、文章を正確に理解することを求められてきた。

だから、その本の著者の意見がどういうものであるのか、筋道立てて、論理的に理解することが求められていた。

そして、小説であれば文体を楽しむ、リズムやテンポを楽しむ、その世界に浸ることが大事。速く読めてはいけないし、時間をかけて、理解を正確にしないといけない。内容も覚えていないといけない――。

いわゆる読書というと、こういうふうに思い込んでいる人が多い。

もうひとつは、「自分のため」に読むもの。

本から、なにかひとつでも自分の人生や日常に役立てるものを見つける。見つけたものを実行する。そうした読み方だ。

全部読まなくてもいいし、気に入った一行でも見つかればいい。斜め読みでも、飛ばし読みでも、キーワードをつなげて読むといった読み方でもOK。

読書時間も一日三分ぐらいからでいい。何度でも、繰り返し読んでもいい。もちろん、著者の意見を理解するのが、自分のためだったらそれでもOK。

おそらくだけど、「そんなのは読書じゃない」という人が多いだろうから、**これを新しい読書、「シン・読書術」と、この本ではお伝えする。**

このシン・読書術の第一の目的は、これまでの「著者の意見を理解する」ものとは違う。あなたのため、自分自身のために読むものだ。

二種類の読書とは？

「著者の意見」を理解する読書

「自分のため」の読書

脳科学の分野でも読書方法の変化が問われている

「全部読まなくてもOK」「キーワードをつなげて読む」「読者の感情で読む」

こうしたアイデアは、拙著『1冊20分、読まずに「わかる!」すごい読書術』で紹介した内容だ。「こんなのは読書じゃない」とネット書店のレビューでは、お叱りを受けたけど(笑)、あとから、裏づける科学的な論文や、本が多数出版された。

そのひとつが、脳科学の分野で大変権威のあるジョージ・ワシントン大学のウィリアム・スティクスラッド教授が発表したものだ。

スティクスラッド教授は、「**デジタル社会に触れた我々は、これまでの直線的な読書ではなく、もはや、キーワードをつなげて読む、拾い読みに変わってしまった**」と述べている。

カリフォルニア大学ロサンゼルス校(UCLA)教育情報学大学院の「ディスレク

シア・多様な学習者・社会的公正センター」所長メアリアン・ウルフも、人の脳は変化してしまっていて、これまでのゆっくりと文字を追う方法ではなく、**トップスピードで、目を移動させ、キーワードを探しまくる方法へ変化した**と述べている。

いまや、時代が変わり、あなたが思っている読書とは変わってきたんだ。

読書に対する見方を変えて、もっと読書を手軽に感じてほしい。

そして、あなたの一歩を踏み出してほしい。

「読書の七つの罪悪感」をもっていませんか？

罪悪感を捨ててしまえば、肩の重みがすっとラクになる。

なんで、こんなに読書で苦労していたのか、正直ばからしくなるだろう。

読書ってもっと楽しい。それに、いろいろなことを効率的に学べるようになるんだ。

「そうは言っても、罪悪感がぬぐえない」という人もいるよね。
読書の典型的な罪悪感を多くの人にヒアリングしてまとめてみたら、つぎの七つになった。

読書の七つの罪悪感

罪悪感一　最初の一ページから最終ページまで読み落としがあってはならない
罪悪感二　読書にはまとまった時間が必要だ
罪悪感三　読んでも内容を忘れてしまう
罪悪感四　著者の意見を正しく理解しなくてはならない
罪悪感五　本に線を引くことができない
罪悪感六　積読になっている本が大量にある
罪悪感七　速く読みたいけど、速読はしたくないあなたも、この罪悪感をいくつかもっていないだろうか。

これからこの罪悪感を「新常識」に転換していこう。

読書の新常識一
自分に必要な部分だけ読めばいい

本は全部読まなくてもいい。

こう書くと、「読書はこういうものだ」という思い込みをしている人から批判を受ける。でも、たいていのネット書店のレビューを見ていくと、本当に読んだのかもわからない論旨がズレた批評が目立つ。

それでも、多くの人はそんな批評を元に、その本を読むか決める。

本をもっと手軽に、自由に読めるようになったら、真偽がわからない情報を参考にしなくたってよくなる。あなた自身の決定は、誰にも左右されなくなる。

あなたはもっと自由に、あなたに合った本を選べるようになる。

だから、新常識に変換しよう。

罪悪感 1 ← 読書の新常識 1

罪悪感1　最初の一ページから最終ページまで読み落としがあってはならない

読書の新常識1　**自分に必要な部分だけ読めばいい**

本を一回だけ読んで著者の意見を一〇〇％理解するというのは、どこぞの天才以外無理。それに、頭のいい人ほど、そういう読み方をしない。

頭のいい人ほど、全部読まないし、自分に必要な部分だけ読む。そして、無駄な時間を省き、効率的に読む。

たとえば、メンタリストＤａｉＧｏさんは、著書の『知識を操る超読書術』の中で、その本の分野の基礎知識を十分に身に付けていれば、読むべき場所を判断できるようになって内容を予測できるということを述べている。

また、元外務省主任分析官の佐藤優さんは、著書『読書の技法』の中で、文字を読まないで、ページ全体を見て一冊五分でひたすらページをめくる「超速読法」を紹介している。

あなたも、自分に必要な部分を読むだけでいいんだ。

あなたにとって、少しでも行動を促されたり、一行でも参考になったりする部分があれば、その本はなかなかよかったといえる。

そんないい本というのは、自分のいまの心情とマッチしていて、そして一歩を踏み出させてくれるよう、背中を押してくれる内容なんじゃないかな。

たとえ、いまの自分には全然参考にならなかったということでも、時が過ぎれば変わる。日々を積み重ねていく中で、不思議にふっと気づく。あの本の内容ってこういうことだったんだ——と。このような、あとになっていい本というのもあるよね。

読書をして、わからないことがあったり、難しいと感じたりしてもいい。

わからない、難しいことに出合うために、本がある。

「ツァイガルニク効果」という心理学用語がある。脳はわからないことや、難しいこと、未完了のものの、答えをずっと探しているというもの。

そのとき読んで感動したことよりも、ずっとわからなかったことが、あとになってわかるほうが、感動が大きい。

読書の新常識二　休憩をはさみながら短い時間のほうが結果は出る

集中して最後まで読みたい。だけど、集中力がない。一冊読むのが遅く、何時間もの時間が必要なのに、最初の二〇分でだいたい眠くなってしまう――。

大丈夫、集中力はなくていい。そもそも人の集中力は何時間も長く続かない。

夜寝る前に本を開いて、本が睡眠薬になっているというのは、ごく普通なんだ。

人は、一〇分から四〇分たつと自然に集中力が落ちてくるという事実がある。

それ以上かけても無駄。かけた時間に対する見返りは小さい。

だから、新常識に変換しよう。

罪悪感 ②

読書にはまとまった時間が必要だ

読書の新常識 ②

休憩をはさみながら短い時間のほうが結果は出る

そうは言っても、やっぱり集中して最後まで読みたい――。

そういう方におすすめなのは、**二五分作業して五分休憩するという、「ポモドーロ・テクニック」といわれるもの**。これはイタリア人のフランチェスコ・シリロが開発したもの。

読書も、二五分読んだら、ちょっとした休憩をはさむというのが効果的。

こうした、休憩をはさみながらのランダムな学習は、効果を倍増させる。

ランダムな学習は、「朝三分読書」からでも可能。くわしくは二章でお話ししよう。

また、**ひとつのやり方を繰り返しするよりも、さまざまなやり方を交えると、人はいままでのやり方から新たなやり方へと調整せざるを得なくなる。変化に対するスキルが高まり、個人の学習レベルを向上させる。**

カリフォルニア大学ロサンゼルス校（ＵＣＬＡ）の著名なロバート・ビョーク教授は、学生たちに「五〇人の名前を覚える実験」をした。五〇人の名前のうちの半分は覚える時間を与え、続けて何度かテストを実施した。残りの名前は、一度見せただけでテストした。ただし、テストの前に別の授業を差しはさんだ。つまり、半分は、名前を覚えるだけに費やし、残りの半分は途中で邪魔が入ったということだ。

驚いたことに、三〇分後にテストを実施すると、学生たちは、邪魔が入った名前のほうを一〇％前後多く思い出した。

一般的に、スピード、精度、頻度、利便性で勝る練習をしたほうが、学習効果が高いと思いがちだ。

たしかに、なにかを覚えたり、習得したりする際にはそれなりに時間が必要だ。一度の練習時間にひとつの技術や知識だけに集中すれば、目に見える形で結果は出る。

しかし、ある時点からは比例しなくなり、成長に限界が出てしまう。

一度の練習時間に複数のことを交ぜたり、異なったアプローチを入れたほうが学習は進むのだ。

学習中に関連性はあるが、別のものを差し込むことを「インターリーブ」という。

認知心理学の世界でインターリーブとは、学習中に関連性はあるが違うなにかを交ぜるという意味だ。

音楽教師はこの方法を昔から取り入れている。一コマの授業の中に、スケール練習、音楽理論の勉強、曲の練習をランダムに組み合わせて行う。

このインターリーブによって、**脳は不測のアクシデント、予期しないことに対して強くなっていく。**

読書の新常識三　内容は忘れてもいい。思い出す練習をすればいい

一度読んだら、忘れない。その内容を完璧に覚えていたい――。

実際はどうだろう。一生懸命に、しっかり何時間もかけたはずなのに、内容をまったく覚えていない。最初の数ページの印象も話せないという経験があるよね。

でも、読んだ内容を忘れてもいい。だから、新常識に変換しよう。

罪悪感 ③ 読んでも内容を忘れてしまう

→

読書の新常識 ③ **内容は忘れてもいい。思い出す練習をすればいい**

「内容を忘れる本というのは、かえって忘れてよかったのかもしれない」まずそれぐらいの気持ちで、リラックスすることも大事。

記憶には、短期記憶と長期記憶がある。

脳に入った情報が保存されるかどうかは、海馬が判断している。海馬から大脳皮質に情報が転送され保存される。**ワクワクやリラックスしたとき、シータ波が出てる。そのときに、海馬は情報を保存する。**

だから、極度の覚えるというプレッシャーを与えるよりも、面白いと感じたり、リラックスしたりすることはとっても大事だ。

さらに、覚えたいなら思い出す練習をすればいい。

こんな学説もある。ワシントン大学心理学部教授のヘンリー・ローディガーらによる「検索練習」の実験では、ひとつの被験者グループが同じ文章を四回読み、別のグループは一回しか読まないかわりに、三回思い出す練習を行った。

後日、この二つのグループを追跡調査したところ、**思い出す練習をしたグループのほうがはるかによく文章を覚えていた。**

本を読んだのに、すぐに思い出すことができなくなるのは、記憶が長期記憶化していないから。

だから、はじめは思い出せない内容があってもいい。思い出す練習をすれば、「ここがわからない」「うまく思い出せない」というフィードバックが起こる。

なかなか思い出せないけど、**がんばって思い出そうとするとそこに感情が生まれ、それがきっかけで思い出せることもある。**

読んだら、取りあえずどこまで覚えているのか思い出す練習をしてみよう。

小説なら、どんなシーンが印象的だったのか、そのときの感情はどうだったのか。

ビジネス書や、実用書なら、さっそく使えることを二つ、三つあげてみる。

こうして本を読み重ね、思い出す練習を繰り返す中で、記憶の手がかりを作りやすくなり、あなたは読んだ本をどんどん思い出すことができるようになる。

読書の新常識四　著者の意見より自分に「役立つ」ことを見つければいい

読書というものは、一文一文正確に読んで、著者の意見を正しく理解して覚えていなければならない――そう思い込んで、「できない」と悩んでいる人も多いよね。

でも、もうそんな心配はいらない。

著者の意見を正しく理解して記憶することは、脳科学、認知の観点から高度なことがわかっている。だから、新常識に変換しよう。

罪悪感 4　著者の意見を正しく理解しなくてはならない

↓

読書の新常識 4　**著者の意見より自分に「役立つ」ことを見つければいい**

ロンドン大学教授で世界的に有名な神経学者ボー・ロットは、**脳が記録するのは「正しさ」ではなく「役に立つ」ことだ**と言っている。

知覚の仕組みを学ぶとぼくたちの脳は、生き残るために正しい情報ではなく、役に立つ情報を記録しているということがわかる。

また、スタンフォード大学の心理学者ゴードン・バウワーは、人がなにを記憶するかに、気持ちの差がどう影響するのかを調べた。

バウワーによると、記憶とは単に過去に起きた出来事を正確に報告するものではなく、ぼくたちの**各自の世界観や利益に合うように、起きた出来事を高度に選択し直したもの**だと述べている。

だから、もう「著者の意見を正しく理解しよう」と思わなくていい。あなたに「役立つこと」を見つけていこう。

読書の新常識五
無理に線を引かなくてもいい

頭のよくなる系の読書術や読書法の本を読むと、本に線を引くことで記憶に残ると書いてある。青ペンで線を引いたり、メモをしたり、はたまた三色ボールペンで色を使い分けたりして読んでいく。たしかに、本に線を引くことは、読書スピードを速くしたり、読んだ内容を記憶に残したりすることに効果的だ。

でも、本に線を引くのが苦手な人もいる。

本をいつでも、まっさらな状態で読みたいからという理由だ。また、本に線を引くともったいない気がするし、ヤフオクやメルカリなどに、売れなくなると言う人もいる。本を売ったお金で、また本を買いたい——そういう人も多いからね。

本に線を引けなくたっていい。だから、新常識に変換しよう。

罪悪感 5 ⟵ 読書の新常識 5

本に線を引くことができない

無理に線を引かなくてもいい

じつは、本に線を引くことによって、読んだ気になって、本当は読めていなかったという学説もある。

脳科学者の池谷裕二さんは、著書『デキる大人の勉強脳の作り方』で、**線を引くことや、ふせんを貼っただけで、わかった気持ちになる危険性を指摘している。**

心理学では、「理解できた」「いつでも思い出せる」というのは、「流暢性《りゅうちょうせい》の幻」といい、理解を深めたり、気持ちを長持ちさせたりすることはできないという。

もちろん、本に線を引いてもいい。メリットもある。

線を引くことやメモを取ることによって、脳に「なじみ感」を残すことができる。

もし、あなたが、読んだ内容を記憶に残しやすくしたいと思うのであれば、率先的に本に線を引いてもいい。本に書き込みをする効果については四章でもお話ししよう。

まっさらな状態で読みたい場合は、もう一冊買うというのもおすすめ。

これを言うと嫌がる人がいるけど、まっさらな状態で再度読みたいと思わせるような本を書いてくれた著者、出版社を応援することになるからいいんじゃないかな。

だって、いい映画は上映中に何度も見に行くし、ミュージカル、演劇だって同じ。一回見てよかったら、もう一度お金を払うファンもいるよね。

本は、コスパがよすぎてしまう。

何度読んでも、擦りきれないし、内容は変わらない。

耐久性が抜群にある。一冊の本だけで、何度も何度も読み返すことができる。

時がたてば、情報の新鮮味というところでは多少の劣化はあっても、そこに書かれた内容がそのまま読めるという点が素晴らしい。

だから、その本を汚して味わい尽くして、また必要になったらもう一冊買ってもいいと思うよ。

読書の新常識六
ときめきが復活するまで積読でいい

書店で見て読みたいと思って買った本。上司や友人にすすめられて買った本。ツイッターやインスタグラムなどのＳＮＳで知った本。本屋大賞や芥川賞、直木賞などの受賞で話題になって手に取った本――。

本との出合いはさまざま。手に入れた本は、一冊一冊、思い入れがある。

でもいざ本を開こうとしたのに、なかなか時間が取れなくて、放置。

買った直後から、その本を読みたい気持ちがどんどんなくなっていく。二週間もたつと、買う前のあの気持ちはどこへやら、積読になってしまう。たまっていく本を見て、なんだか罪悪感でいっぱいになる――。

こういうこと、あるよね。

でも、積読になってもいいいんだ。だから、新常識に変換しよう。

罪悪感 6 ⟵ 読書の新常識 6

積読になっている本が大量にある

ときめきが復活するまで積読でいい

じつは、本はただ置いてあるだけで意味がある。

机や本棚に大量の本が置かれている状態でも、その背表紙やタイトルを見るたびに、ぼくたちの潜在意識には情報を伝えているのだ。

たとえ、積読となってしまっても、パッと手に取るだけで、またその本を読みたい気持ちが復活してくる。

もちろん、読書を活用できる人ほど買ってすぐ読むことが多い。

ぼく自身も大型書店に行って本をたくさん買っても、帰りの電車やタクシーの中で、家につく前に読み終わっている。
本は買ったとき、一番新鮮度が高いから、買った瞬間に読む癖をつけることが大事。

それでも、やっぱり積読になってしまうよね。そういう人は、その本を再び手に取ってみるのがいい。

思い出してほしいのが、引っ越しのときや模様替えをする際に、部屋を整理していたときに出てきた本のこと。「捨てようかな」と思い、手に取って開いてみると、意外にいま自分にとって必要だってことがわかり、捨てられない――あの感覚。
いまや世界的な片づけコンサルタントの近藤麻理恵さんは、『人生がときめく片づけの魔法』の中で、触れて「ときめかないもの」は捨てたほうがいいと述べている。

案外、本は触れて開いてしまえば、ときめきが復活するものだ。一回その本を触って開きさえすれば、また読みたい熱が生まれてくる。

積読になることは、けっして悪いわけではない。
あなたが、なにかを学ぼう、進もうとしていて、結果としてたまってしまった証拠

だから、いいものだ。

でも、積読を整理したいと思ったら、本を触って開いてみよう。

パッと開いて、自分に必要だと思ったら残す。そう感じないのであれば、誰かにあげるなり、処分しよう。

読書の新常識七
指を使えば、速く読めて集中できる

本をもっと速く読みたい。だけど、速読は難しいトレーニングが必要だし、内容を理解できないからしたくない――こんなふうに思っている人も多い。

最近の速読を否定する本は、つぎの学説を引用して書かれている。

二〇一六年、カリフォルニア大学の研究チームが過去一四五の研究データから「速読は可能か」を調べた。その結果、「読むスピードを上げると、読んだ気になるだけで内容の理解度は下がる」ということだった。

じつはこの論文、不思議なことに、**速読に関する「脳波」について語っていない**。学習に関して、脳波が大事なのに、なぜか言及がないのだ。脳波については、のちほどお話しするけど、思い出してほしいことがある。

これまで、「読書の新常識一　自分に必要な部分だけ読めばいい」で本は全部読まなくていい、「読書の新常識四　著者の意見より自分に『役立つ』ことを見つければいい」で、脳は「正しい」ことより「役立つ」ことを記憶するという新常識をお話しした。

最初から最後まで読む必要もないし、著者の主張を正しく理解するより、自分に役立てるために読むのがこれからの読書の新常識であり、シン・読書術だ。

だから、速く読めても、あなたに必要な部分を理解していればいい。

「速読は難しいトレーニングが必要」だけど、ここは、新常識に転換しよう。

罪悪感 ⑦ ⟵ 読書の新常識 ⑦

速く読みたいけど、速読はしたくない

指を使えば、速く読めて集中できる

昔ながらの「眼球式トレーニング」を用いた速読がある。

じつは、これは文字を速く読むためだけではなく、**脳波をコントロールするために行っている。アルファ波、シータ波が学習にいいことは知っている人も多いだろう。**

一般的に、脳波は「日常の起きている状態」＝ベータ波（一三～二三ヘルツ）、「心身をリラックスさせ高い集中力ももたらす学習に最適な状態」＝アルファ波（八～一二ヘルツ）、「心身をとてもリラックスさせ、海馬を活性化し、記憶力、インスピレーションや洞察力、創造性も高める」＝シータ波（四～八ヘルツ）とされている。

世界的能力開発の権威、ポール・シーリィ博士による「フォトリーディング」という速読法も、眼球と呼吸を使った脳波コントロールが用いられている。

シーリィ博士の著書『PhotoReading（邦訳『あなたもいままでの10倍速く本が読める』）』では、フォトリーディングをすることで、**学習に最適な脳の状態が、アルファ波からシータ波の間に変わる**と述べている（この記述は、原著のみにある）。

この脳波が、学習にとっては重要だ。

先ほどの論文では、脳波に関する言及がないため、ぼくはこの論文を鵜呑《うの》みにしなくてもいいと思っている。ただ、脳波コントロールをするのに、昔ながらの眼球式トレーニングのみで行う場合には、一か月から一年以上の訓練が必要になる。

では、眼球式速読を時間をかけてトレーニングすべきかというと、そうではない。

ぼくは、自分のセミナーの中で、この一〇年ほど、研究、調査を行ったところ、**指というガイドを置くことで眼球式速読と同じような効果が得られることを発見した。**

もちろん、指を使った方法は古くからある。海外でもその効果が認められている。加速学習の世界的エキスパート、ジム・クウィックは、著書『LIMITLESS　超加速学習』の中で、指を使って読むことで、速読ができると述べている。

この指をガイドに使った方法は、つぎの章でくわしくご紹介しよう。

読書が遅い、なかなかスピードを上げて読むことができないという人は、指をガイドに使って読書してみよう。

本を読むことで手にする力がある

これまで、読書の罪悪感について検証してきた。

少しは、罪悪感が減り、読書の自由を取り戻してもらえただろうか。

そうして本を読むことで、ぼくたちが手にする力がある。

それがつぎの五つだ。

①情報の「真」実を見極める力がつき、物事の骨組みが構造的にわかる

②物事を「深」く考える力が身に付く
③自分を「信」じられる力がつき、自己肯定感が高まる
④著者と共「振」することで、多様な「ものの見方」ができるようになる
⑤自分自身を「進」化、「進」歩させ、新しいアイデアを生み出し、実行できる

そしてこの5つの力で、いままでとは違ったものの見方ができる、「新」しい自分になる。順にお話ししていこう。

①情報の「真」実を見極める力がつき、物事の骨組みが構造的にわかる

本を読むと、情報の真実を見極める力がつく。

本は、WEB記事やSNSなど他の情報媒体よりも、まとまった情報がある。

それも、何年もかけて、著者が本質を探究し、読者にそれを伝えようとしたものだ。

この情報に、普段から触れることは、「情報の本質はなんなのか」ということを把握しやすい状態になる。

しかも本は、読者に対してわかりやすいように、著者や編集者が論理的にかつ構造的に工夫を凝らし、自分たちの意見を伝えてくれている。

それに触れていることにより、**社会の構造や骨組みを把握しやすくなる。**結果、玉石混淆《こんこう》の情報の中でもだまされなくなり、真意を読み取れるようになる。**本を読めば読むほど自分の身を守ることができるのだ。**

②物事を「深」く考える力が身に付く

本は、なにかを深く考えるきっかけを与えてくれる。

カリフォルニア大学ロサンゼルス校（UCLA）教育情報学大学院の「ディスレクシア・多様な学習者・社会的公正センター」所長のメアリアン・ウルフは、著書『デジタルで読む脳×紙の本で読む脳』の中で、**読書は脳の可塑性に影響を与えて、深く考える力が養える**ことを述べている。

本は、自分のこだわり、関わる人、社会、世界のこと――に対する、いままで気づかなかった考えに気づき、深めるきっかけをくれる。

著者の意見に共感したり、背中を押されたりもする。時には、反発だってする。考え方が変われば、本の読み方が変わり、さらに考え方は深まる。そして、読み方が変われば、考え方も変わるし、また考え方は深まる。**このループで、どんどん思考が深く、深くなっていく**。本は、物事を深めていく力をくれるのだ。

③自分を「信」じられる力がつき、自己肯定感が高まる

本はあなたに自信を与えてくれる。

あなたがなにかで困っているとき、本に聞くことで、その悩みや問題解決の糸口がつかめることがある。

何気なく、書店で見かけて、ある本を手に取る。ふっと開いたページにあなたのほしかった情報があった。こんな経験はないだろうか。あなたがあれこれ悩んだり、考えたりしたものが、本の一文となって現れることが――。

その一文は、あなたの自信になる。この著者と同じ考えができていたんだという気づきになる。

さらに、本を大量に読みこなしていくと、多くの著者ですら、**解決できていない問

いが生まれる。その新たな問題は、あなたをさらなる高みへと連れていってくれる。

④著者と共「振」することで、多様な「ものの見方」ができるようになる

読書の最大のメリットのひとつが、他者の体験を「疑似体験」できること。

他者の体験を疑似体験するには、他者の視点に立ち、その気持ちになることが必要だ。そうすることで、さまざまな見方・考え方を得られる。

結果、著者の獲得した体験や知恵、ものの見方を通して、自分の世界や見方を広げることができる。

また、本という他者視点に心が響くと、いろんなものに心が響くようになる。

すると、いろんな相手の意見や気持ちを受け入れられるようになる。

自分とは違った他者のものの見方を取り入れてみると、「こういう見方があるのか」「こういう考え方があるのか」と、新たな生き方が見つかってくる。

⑤自分自身を「進」化、「進」歩させ、新しいアイデアを生み出し、実行できる

読書をしていると、たくさんのいいことが起きる。

あなたの頭にインプットされた情報や物事が結びつき、新たな発想ができるようになってくる。

そのひとつとしてあげられるのは、アイデアが大量に出やすくなるということだ。

インプットを大量に行っていくと、頭というコップに大量の水が注がれて、コップがいっぱいになっていく。

コップの水が満杯になってあふれ出すように、本という情報を入れるほど、頭の中で、いろんな連結が生まれやすくなる。大量に本を読むということは新しいアイデアを生み出す、きっかけになりやすい。

読書で、この五つの力を手にしてほしい。

それが、これからの新しい時代を生き抜くための力にもなる。

つぎの章からはシン・読書術の具体的な方法をお話ししよう。

二章

クリエイティブな能力を磨き、地頭をよくするシン・読書術

読書の前におすすめ！脳を活性化する簡単な習慣

「自分のため」に読むのがシン・読書術――。

脳は「正しさ」よりも「役に立つ」ことを記憶する。だから、全部読まなくてもいいし、何度読んでもいいし、繰り返し読んでもいい――。前章でこんなお話しをした。さらに、これからの時代の「読書の新常識」についてもお話しした。

ここからは、もう少し具体的にシン・読書術の提案をしていきたい。プロローグでお話しした、**クリエイティブな地頭を鍛えるための読書術だ。**

もちろん、全部やらなくたっていい。自由に「あなた自身」のためになりそうなものを取り入れて、あなたなりのシン・読書術を始めてほしい。

その前に、読書や学習を始めるにあたって、効果をアップさせる方法をご紹介しよう。それがつぎの図の四つだ。

読書の効果をアップさせる基本

水を一口含む

ゆったりとした呼吸

太陽の光を感じる

部屋の温度を調節する

※夏二四度、冬二二度を目処とする

水を一口含むこと。

ゆったりとした呼吸をすること。

窓側に行き、太陽の光を感じること。

部屋の温度調節をすること。


「こんなことが、効果的なの?」と、突っ込む人もいるだろう。

じつは一見関係なさそうなこれらが学習を加速させる。

それには、人間の脳の機能が関係するんだ。

ぼくたちの脳には、三つの階層があるとされる。複雑な脳の機能を説明するために、一九六七年、アメリカ国立精神保健研究所のポール・マクリーンが、ダーウィンの進化論を脳に適用し発表したものだ。**三位一体脳といわれる。**

簡単に説明すると、脳は人間の進化に伴って三層に分かれている。

脳の一番内部にある脳幹や小脳、基底核を含む部分が「爬《は》虫類《ちゅうるい》脳」といわれる。

爬虫類にもほぼ同じようなものがあるからだ。ここは、**平衡感覚や呼吸、消化、心臓**

三位一体脳と第二の脳である腸

三位一体脳

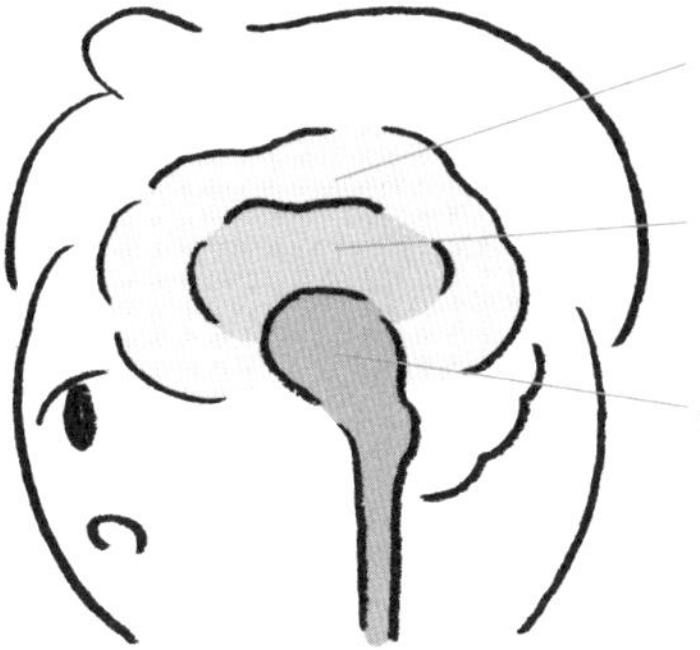

腸は第二の脳

幸福物質の「セロトニン」の九〇％、報酬系の「ドーパミン」の五〇％がつくられる

の鼓動、血圧などの動物としての基本機能を司《つかさど》る。

つぎに、爬虫類脳である大脳基底核などの外側にあるのが大脳辺縁系で、間脳と合わせて「哺乳類脳」といわれる。ここは、社会集団の中で暮らす哺乳類にもあり、短期記憶と長期記憶の海馬や、感情を司る扁桃核、中継局で脳幹からのシグナルを皮質へ送る視床、生殖と快楽の視床下部がある。**そのため記憶や感情などを司る。**

最後に、「ヒト脳」、大脳皮質の中でももっとも新しい大脳新皮質だ。**思考を司っている。**


さらにこれに加え、**最近の研究で明らかになっている、第二の脳として重要なのが「腸」だ。**腸と脳の関係「脳腸関係」というのがある。

じつは、生物で最初にできる器官は腸なんだ。

そのため**脳は、腸↓爬虫類脳↓哺乳類脳↓ヒト脳という流れで活性化していく。**

第二の脳である腸や爬虫類脳は、生理的欲求に関連している。また、幸福物質「セロトニン」は腸で九〇%作られているし、報酬系の「ドーパミン」の五〇%も作られている。

だからこそ、**まず腸と爬虫類脳を満たす、水や光、心理的安全性が大事になる。**

この習慣が知的パフォーマンスを上げる

さあまず、本を読む前に、水を一口飲もう。

水を一口含むだけでも、知的パフォーマンスを上げることができる。

イースト・ロンドン大学とウェストミンスター大学の研究者によれば、**知的作業に集中する前に約〇・五リットルの水を飲んだ人は、飲まなかった人と比べて、一四％反応時間が速くなることを発見。**のどの渇いた人に対して、実験を行ったところ、効果はもっとあった。

脳の八〇％は水でできており、水分不足の脳への影響は、ホルモンの不均衡につながる。そのため、わずかな水分不足が、私たちの知的パフォーマンスに大きく影響してしまうのだ。

呼吸は、丹田を意識して行う。

丹田は、おへそから指三つ下の位置にある。この丹田を意識して、息を口からほーっと吐き出し、すぅーっと鼻から息を吸う。息を吐き出して、吸うのを一サイクルに、これをゆっくりと**一分間一〇サイクル以下、四回から六回することで、脳波が変わり、意識力、集中力が高まる。**

ポイントは吐く息の長さと、吸う息の長さを一定にすること。ここから始めてみるのがおすすめだ。


窓側に行き、太陽の光を浴びよう。じつは、**太陽の光を浴びることで、私たちはビタミンD3を体内で生成することができる。**

ビタミンD3は、免疫力を高めることでも知られている。さらに血中のビタミンDの濃度が高いと認知機能を正常にしてくれる。

また、アメリカのコロンビア大学遺伝発達学教授のジェラール・カーセンティは、骨から出るオステオカルシンという物質が記憶力アップに関係すると発見した。このオステオカルシンはビタミンD３を補給・生成したときにも分泌される。植物が光合成するように、私たちは陽《ひ》を浴びることで、体によい物質を生成しているのだ。

温度を適正にするだけで、学習が進む。

でも、適正な温度は、人それぞれ。女性は、男性より基礎代謝量が低い傾向にあるため、寒さを感じやすい。また季節や天候の影響があるため、正確な温度を明確にするのは難しい。

ぼくは、セミナーやワークショップをする際、場の集中力を増幅させたり、場を盛り上げたりするとき、温度を気にしている。**経験則として、夏場の目安は二四度、冬場は二二度。湿度は四〇％前後。ここを目安に温度調節を行っている。**

そこから、温度を一度、二度下げると、冷静になり、事務処理能力、集中力が上がる。反対に、温度を一度、二度上げると、その場でのコミュニケーションが活発になってくる。

ゆったりとした呼吸に、水、太陽の光、温度。ここだけでも、あなたの脳を活性化するポイントがある。このうちひとつでもいいので、いま実践してみてほしい。

それでは、シン・読書術の具体的な提案についてお話ししていこう。

その一日が決まる「朝三分読書」

ものの見方を変え、クリエイティブな能力を磨くシンプルな方法がある。

それは朝起きたら、本を一冊たった三分でいいから、読んでみることだ。

読書が得意でないという人も、パカッと開いた見開きページを読むことはできるだろう。時間がないという人も、目に飛び込んできた一文を読むことぐらいはできると思う。

この一冊三分で、本の全体の内容を理解することは必要ない。

選んだ一冊を手に取り、「今日一日いい日にしたいので、そのヒントをください」と言い、パカッと開く。そのページを読むだけだ。

これを朝起きて、すぐやる。それだけで、その開いたページから、一日のヒントが意外に得られる。

これは科学的な根拠があるものだ。**「朝見た情報によって、その一日の大半が決まってしまう」という認知心理学でお決まりの実験を応用したものだ。**

朝、悪いニュースを見るだけでその日一日が悪くなってしまう。こうしたことは認知心理学のさまざまな実験でわかっている。

だったら、朝入れる情報、あなたが影響を受けてしまう情報を変えてしまえばいい。

当然その一日は、その朝見たページに、意識がフォーカスされていくから、そういう一日になる。

当初は、ぼく自身がひそかに行っていたことで、自分自身のみの経験だった。

そこで、ぼくのオンラインサロンのメンバー約一〇〇名と一緒にこの実験をやってみた。すると、どうだろうか、不思議と結果が出た。

もちろん、約一〇〇名全員が毎日毎日読むことはできなかったが、**続けた二〇名ぐらいの人は、大きな変化が出た。**

それも、一年といった時間は必要ない。**三日続けるだけで、変化を感じ、一週間続けるとさまざまな不思議なシンクロニシティが起こった。**

そして一か月続けただけで、三分間読書を始める前には、想像できなかったことが不思議と起こるようになった。

◎出合った限られた言葉は、意外とその日に何度も思い出されて、印象的になっています。**とても短いけど濃い読書法**と感じています。（医療職 S・Fさん／三〇代）

◎朝読の内容を夫と話すことで、**夫婦関係がよくなりました。**（事務職 T・Mさん／三〇代）

◎**課題に対するヒントが得られ**、相談のやり方や業務指示が改善され、成果が出はじめています。（事業開発職 村上英範さん／四〇代）

◎朝読で三分音読していますが、**仕事の新しいアイデアが生まれています。**（大手飲料メーカー管理職 Sさん／五〇代）

◎**積読の罪悪感が解消。**開いたページが経営のアドバイスとなり、**売上が好調です。**

（菓子店経営 新富哲郎さん／五〇代）

――と、朝読で変化を報告してくれる人がたくさんいる。

これは、ぼくも驚きだった。

これまで本だけで数千万という金額を費やし、毎年三〇〇〇冊以上の本を読んできたけど、やっぱり本の内容は理解しないといけないし、理解するためには、本の全体像を理解することが大事だと思っていた。

しかし、それは違っていた。**たった三分間の読書であっても、読書はぼくたちのものの見方を変え、人生を変えてくれるのだ。**

だから、人生を変えるのに、本一冊まるまる読まなくてもいい。

著者の意見を理解しなくてもいい。内容を理解しなくてもいい。全然ＯＫだ。

もちろん、「朝三分読書」で、ホラーや猟奇的な本を読めば、当然そういう影響を受けるから注意しよう。

実用書やビジネス書といった日常に具体的に役立つジャンルから、スタートしよう。もちろん、慣れてきたら、小説もテストしてみる。**小説で行えば、小説のようなシーンが日常に訪れるようになる。**


さっそくあなたも、朝三分読書をしてみよう。

それだけで人生は変わるんだから。

朝三分読書に慣れ、本に触れる習慣ができたら、徐々に読む時間を長くして、本と接していこう。

パラパラ、パカッ！の三分読書でどんどん読み進められる！

ぼくたちは、脳の構造的にも、生理的欲求や心理的安全性があるだけで落ち着いてくる。この章の最初にお話しした爬虫類脳や哺乳類脳が満たされるからだ。

読書をするときも同じで、安心感があると、どんどん読みたくなる。

ただ、ここで注意したいことがある。

著者の意図は、いかに読者を「うわ！」と、ビックリさせるかだ。とくに、まえがきや目次は、著者と編集者が読者をいかに驚かせるかを意識していることがある。

そんな文章やフレーズに読書の最初に目をつけてしまうと、そのフレームから抜け出せない。**読者は、緊急性を感じたり、尋問をされているような圧力を感じたりしてしまう。だから、読みづらく感じ、読書をやめてしまうきっかけにもなる。**

たとえ、がんばって読んでも言葉で説明することができない。

これは、爬虫類脳や哺乳類脳がビックリしてしまっている状態のまま、読書が進行していった結果、もんもんとした感情や罪悪感が残ってしまうのだ。

だからこそ、**最初の段階で行ってほしいのは、まず、本をパラパラとさせてパカッと開いてみる。**そして、その見開きページを三分間読んでみる。

パカッと開いたときに、「**そうそう**」**という気持ちや、**「**ワクワク**」**する自分にとっ**

ての背中を押す情報や、「なるほど」「たしかに」といえる情報に出合えたなら、その本に対するなじみ感や親近感が生まれる。さらに、「面白いな」「すごいな」と前のめりになれるようなら、その本をどんどん読みたくなる気持ちが生まれる。

もちろん、パカッと開いたときに、「うわ!」「えっ!」というような衝撃的な部分に出合うこともある。その場合、いきなりは受け入れられないことや、「この本、嫌だな」という気持ちが生まれるかもしれない。

そういうときは、もう一か所開いてみると、「ああ、そういう展開なら」と受け入れられる場合もある。そうならなかったら、もうその本を読むのをやめてもいい。

いままで本をなかなか読み進められなかった人や、読んだのに覚えていられないという人は、ぜひ実践してみてほしい。

もしかしたら、いままでは、あなたの爬虫類脳がビックリして萎縮し、逃げてしまっていたのかもしれない。これからは、パラパラ、パカッの三分読書で安心させてあげよう。

パラパラ、パカッ！ の三分読書

一ページ一秒で読める！
指で読むエクストリームリーディング

デジタル社会の中で、読み方は変わってしまった。これは一章でもお話しした。

読書は直線的に、最初の一ページから丁寧に読むのではなく、**キーワードをつなげて読むというのが非常に有効になっている。**

斜め読みでも、必要な箇所を読むスキミングでもいい。

さらに、読書スピードを上げる方法としておすすめなのは、指という補助輪をつけて読む方法だ。

人差し指を置いて、本のページを指でただなぞる。私たちは指を当てたものに対して目がいくような仕組みになっている。

この指の重要性は、工場のメンテナンスや駅員を見れば明らかだろう。「指差し確認」で可視化して確認をしている。

読書が得意な人に限らず、読書が苦手な人も指を置いて文章を読むというのは非常に有効的だ。

開いた本に指を当てて、ただスピーディーに動かす。

本のページの半分ぐらいに、人差し指を置いて、すべらせ、ページをめくっていく。それだけでも、断片的に情報が入ってくる。縦書き本なら、見開きの右ページから左ページへと指を横に動かして、めくっていく。

横書きなら、見開き左ページの上から下、そして右ページの上半分へと上がり、右ページ下へとS字に動かしてめくっていく。

この方法をする際に大事なのは、**この速いスピードで、どういうようなキーワードが自分の中に引っかかってくるのかということだ。**

残像のように頭に残った言葉をつなげていく。**引っかかったキーワードを頭の中で結びつけながら読んでいく。**

こうした読書を「エクストリームリーディング」と呼んでいる。

毎秒一ページほどのスピードで本を読むことが可能だ。

つぎの図のように、このエクストリームリーディングには、人差し指の動かし方が三つある。順にお話ししていこう。

①指速読――新幹線スピード

ひとつは、先ほどの高速にページを横切っていくもの。図の①だ。新幹線に乗っているときのように、残像をつかんでいく。このとき大事なのは目的だ。

「なんのために読むのか」「自分のなんの役に立つのか」を頭に残して、そこに引っかかってくるものだけを追っていく。

たとえば、東海道新幹線に乗っていて、「富士山を見たい」と思ったら、新大阪行きの場合、右側の窓に注目しているような感覚だ。東京を出発して、品川、新横浜、小田原と過ぎたら、右側の窓に注目しているとだんだん見えてくるだろう。

もちろん、ここで他の気になる箇所――新幹線の例だと、右側の窓を見ていたら、静岡で茶畑が見えて「お茶を飲みたい」とか、名古屋についたら「名古屋城に行きたい」「ひつまぶしを食べたい」など――出てきたら、速いスピードからつぎの②や③に乗り換えるというのも手だ。

指で読むエクストリームリーディング

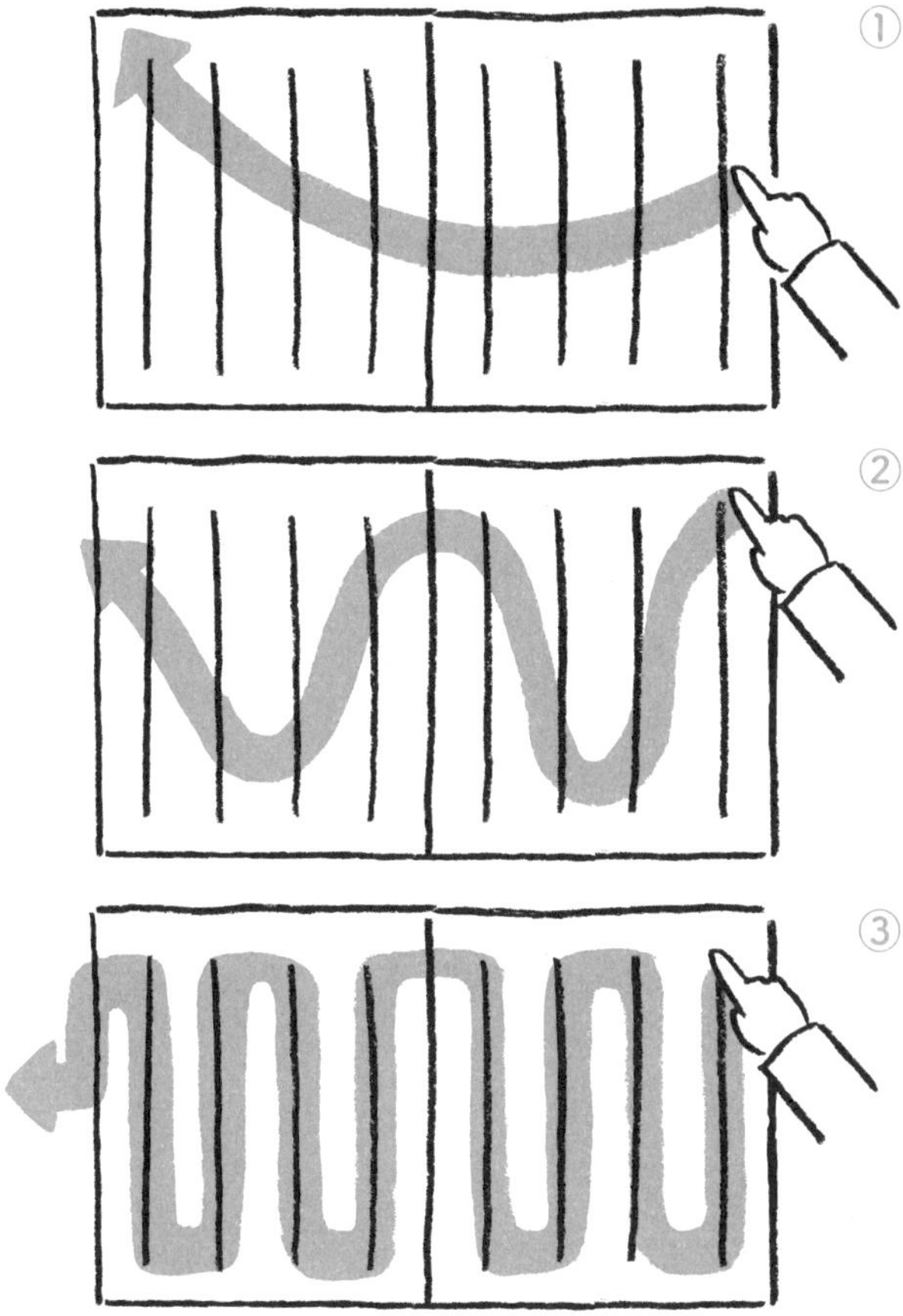

②指速読——普通列車スピード

新幹線の速いスピードより、少しゆっくり読みたいと思ったら、普通列車に乗り換える。普通列車のスピードは、**図の②のように、段落単位で指で上下になぞっていく**。静岡の茶畑や浜名湖といった風景。名古屋から京都までの風景を先ほどよりもゆったりとしたスピードで楽しむことができる。

③指速読——徒歩スピード

さらに、もっとゆっくり、じっくり見たいという場合には、気になる駅で降りて、実際に歩くということもできる。周辺を歩いたり、自転車を借りたりして探索をする。「富士宮で浅間大社に参拝する」「ゆっくりとお茶を飲む」。名古屋についたら、「名古屋城に行く」「ひつまぶしを食べる」とか、いろいろあるよね。

このエクストリームリーディングでも同じだ。**図の③のように行単位で指でなぞっていく**。そして、ゆっくりと読みたいなら、その箇所をじっくり読むのもいい。目的を立てて、自分の役立つ内容を見つけていく。もちろん、新幹線スピードで先に全部見てから戻って、徒歩スピードにしてもいい。

これらの指速読は、しっかり読めるまでには、それなりの訓練が必要だ。キーワードをつなげた内容を、あとで理性的な読み方で検証することが大切。これについてはつぎの三章で説明する。

ただ慣れてしまえば、毎秒一ページのスピード、二〇〇ページあるビジネス書であれば数分で読むことが可能だ。小説であれば、三〇～六〇分ぐらいで読むことができる。

意図をくみ取るには「太字」「漢字」だけ拾い読む

ビジネス書や、実用書、エッセイなどを読む際や、ベストセラーになった本を読む際には、**漢字や太字に注目してみるといい**。

太字は、著者や編集者が重要とみなしているマークだ。

ここで、「漢字に注目とはどういうこと?」と疑問が湧くかもしれない。

行き届いた編集がされている本ほど、**わかりやすくするため、漢字とひらがな、数字、アルファベットの一文のバランスを考え作られている。**

稲盛和夫さんの著書『生き方』より、漢字を拾ってみよう。

> 物事をなすには、自ら燃えることができる「自燃性」の人間でなくてはなりません。私は、このことを「自ら燃える」と表現しています。

物事、自ら燃える、自燃性、人間、私、自ら燃える、表現、を拾うことができる。

そして、この文章で大事なのは「自燃性」だ。

このように、**ひらがなよりも、漢字のほうが文章の中で際立つので、漢字だけ読めば、著者や編集者の意図がくみ取れる。**

逆に、漢字だけ読んでも、まったく通用しないケースがあるのが専門書だ。

ミラーニューロンの発見は、観念運動適合性原理の再構築の可能性を示唆している。共通の表象領域は、抽象的で感覚様相《モダリティ》とは無縁のものではなく、視覚情報を潜在的運動行為に直接変換するメカニズムであると考えるのだ。

右記の文章は、神経生理学者のジャコモ・リゾラッティによって書かれた『ミラーニューロン』（コラド・シニガリア共著）の抜粋だ。本書の参考にもさせていただいているのだけど、あまりに漢字が多い。漢字に注目して読もうとすると、観念運動適合性原理、感覚様相、潜在的運動行為などの専門用語がわからず、一つひとつの言葉で止まってしまう。

でも、止まってしまったら、その部分はあとでじっくり理性的に読めばいい。

ここでは、理性的に検討する時間を設けて、わからないものに注目するよりも、ス

ピードを上げて読むことが大事だ。

ランダムにいろいろな読み方をすれば記憶に残る

脳は新しいもの好きで、好奇心に満ちている。

脳は常に新しいなにかに反応しつづけ、生まれてから死ぬ瞬間まで絶えずなにかを学び、変化する。ただ、この機能は諸刃《もろは》の剣でもある。

もし、新しい経験がなく、同じやり方が固定化してしまえば、脳も固定化され、変化しづらくなってしまう。

だからこそ、脳は一気に学習するよりも、期間をあけて分散して学習をしたり、アプローチを変えたりして学習したほうが、記憶がもつし、学習も進む。

同じように、**読書も一気読みするよりも、期間をあけたり、アプローチを変えてみたり、ランダムにいろんな読み方で読んだほうが記憶に残るし、学習も進む。**

読書にはさまざまな方法がある。

元外務省主任分析官である佐藤優さんも、『読書の技法』の中で、さまざまな提案をしている。

たとえば、大まかに本を「簡単に読むことができる本」「そこそこ時間がかかる本」「ものすごく時間がかかる本」の三つに分けている。

そして、速読は読まなくていい本をはじき出すこととしながらも、一冊三〇分で読む「普通の速読」、とにかく文字を読まずにページをめくり一冊五分で読む「超速読」などを紹介している。

さらに、熟読の方法として、本の真ん中ぐらいのページを読んでみることや、シャーペンで印をつけて読む方法、本に囲みを作り、それをノートに写す方法を紹介している。

このようにアプローチを変えながら学習をすることが非常に効果的であることは、脳科学の研究で明らかになっている。

サイエンスライターのベネディクト・キャリーは『脳が認める勉強法』の中で単純な反復学習はかえって効率が悪いと述べている。

一章の「読書の新常識二」で、一度の練習時間に複数のことを交ぜる、異なったアプローチを入れたほうが学習は進むことや、違ったものを差し込む「インターリーブ」についてお話しした。このような分散学習でアプローチを変えて学習する、記憶の手がかりを残すなどのやり方をするほうが脳に適しているのだ。

斜め読み、飛ばし読み、ページ読み……アプローチを変えて試してみよう

アプローチを変えて読む方法の前に、まずこの章の最初にお話しした**三位一体脳を意識し、ゆったりとした呼吸や水を飲むという、生理的欲求を満たすことが重要だ。**

また、「パラパラ、パカッ！　の三分読書」でお話しした自分の背中を押してくれるような「なるほど」「たしかに」と感じる言葉を見つけて、承認欲求を満たしてか

ら始めるというアプローチも有効だ。

ただ、三分読書など短い時間で読んだ後に、理解したように感じられないときは、理性的な脳を満たす読み方をして確認をするのがおすすめ。理性的な脳を満たす読み方は、三章でくわしくお話しする。

ここでは、アプローチを変えて読むために、これまでの読書術や読書法で紹介されているなかで、効果的なものをいくつか紹介しよう。

◎斜め読み：見開きページを斜めに読んでいき、気になった部分だけ深く読む
◎飛ばし読み：自分のほしい情報だけを読んで不要な部分はとばす
◎ページ読み：文字を見ず、ページ全体を読んでとにかくページをめくる
◎目的読み：目的意識をもって本を読む
◎定規読み：定規を当てて、ゆっくりと読む
◎三色読み：客観的に重要なところは赤色、客観的にそれなりに重要なところは青色、主観的に重要なところは緑色で線を引きながら読む

ここにあげている例は一部ではあるが、あなたの本能がピンときたものを試してほしい。

三

章

論理的な思考力を磨き、頭がよくなるシン・読書術

頭のよさには「学力系」と「社会系」の二種類ある

「頭のいい人」というと、どういう人を思い浮かべるだろうか。

一般的には、大きくつぎの二つに分かれると考えられる。

・学校でテストの点数が高い人
・社会に出たときの地頭がいい人

認知心理学では、学校でのテストの点数が高いなどの頭のよさは「理性」、社会に出てから発揮される頭のよさは「本能」の領域が優位といわれている。

つまり、正確さの領域が「理性」で、クリエイティブな領域が「本能」だ。

これは、認知心理学者のダニエル・カーネマンの理論に基づいている。

ダニエル・カーネマンは人の思考には、速い思考の「システム1」とゆっくりとした理性的な「システム2」との二つがあると述べている。

いまだに、「クリエイティブな右脳とロジカルな左脳」と呼ばれるが、それは過去の話。**いまや脳の部位が注目されていて、思考プロセスの「本能」「理性」が大事になる。**本書でもここに注目してお話ししていきたい。

この二つの思考プロセスを活用することが、これからの時代に重要だけど、ちょっと難しく感じるので、**「本能くん」と「理性くん」がいる**というふうに捉えてみよう。

「本能くん」は、とてもやんちゃな子ども。

なにかを見つけると好奇心でいっぱいになって頭で考えずに本能のまま行動をする。これを認知心理学の世界では、ファストシンク、システム1などと呼ぶ。

「理性くん」は、正確さを求めるゆっくりとしたキャラクター。

これが合ってるかどうか、間違っていないかどうか、ゆっくりと、正確さを求めている。これを認知心理学の世界では、スローシンク、システム2などという。

この機能は、トレーニングをしないかぎり、どちらかに優位性がある。

あなたがもしも、やりたいことをどんどん率先的に行える人なら、本能くんが優位な人だし、これは合ってるか、間違っていないかと、正しさを追求する人であれば、理性くん優位になる。

読書で本能くんと理性くんの両方を磨く

これからは、いい大学に入り、いい会社に入ってよい老後を迎えるという「答え」は崩壊した——とプロローグでお話しした。

いままでは、「理性くん」のみが頭のよさとして評価されがちだった。

でも、**これからの頭のよさは、「答え」を知っていることよりも、「新しい問い」を見つけられること。**そのためには、本能くんも理性くんも重要になる。

真に優秀な人ほど、本能くんと理性くんが仲良しだ。

まず、**本能くんと理性くんが調和を取れていると、意思決定がスムーズになる。**

本能くんも理性くんもどちらも大事

理性的に「これは正しいだろうか」というとき、本能的に取りあえず「やってみよう」となれば、意思決定は早い。また、本能的に「これいいかも」と思ったものを、理性的にどんなふうにいいかを説明できる。

そのためには、本能くんと理性くん、両方を磨くことが重要だ。

オックスフォード大学の心理学者、エレーヌ・フォックスも、「脳内の古い領域にある〈快楽中枢〉と、大脳皮質にある近代的な〈制御中枢〉との力関係は、一方が人間を行動へと押し出し、一方がそうした衝動を抑えるという、非常に微妙なものだ。両者のバランスが取れたときに、この回路は、幸福と楽観に向けてわたしたちの背中を押してくれる」と両方のバランスの重要性を述べている。

本能的な要素を磨くには、早くさまざまな新しいことを行い、なにかを発見し、好奇心を満たしてあげる必要がある。

理性的な要素を磨くには、論理や数字を使って、深く思考することだ。

でも、最適で、しかも**本能くんと理性くんを同時に磨く方法がある。それが読書。**

とくに、本書で解説するシン・読書術だ。

じつは、二章でお話しした「朝三分読書」や指を使ってキーワードを拾って読む方法などは、直感的な素早い思考を司《つかさど》る本能くんを磨く読書術だった。何度も言うけど、重要なのはどちらか片方ではなくて両方。

これから、この章では、理性くんを磨くためのシン・読書術をお話ししていこう。**二章で学んだ本能的なシン・読書術を、理性を用いてサポートしていく。**

前章で紹介した本能的な読み方に、この理性的な読み方が加わることで、最終的には、本能くんと理性くんが仲良しになっていく。

「著者の問い」を見つける三つのステップ

「著者の意見を理解することこそ、読書だ」

こう思っている人ほど、著者の意見を理解しなくてはと思い込んでしまい、なにも理解できていないというケースが目立つ。

ただ、**理性くんを磨くためには、著者の意見を理解することも役に立つ。**とはいえ、やみくもに理解しようと最初の一行から最後の一行まで読むのをおすすめするわけではない。

著者の意見を理解するときに必要なのは、**「著者の問い」を探すことから始めることだ。**

意見の前には、必ず著者の問いが存在する。

なぜなら、世の中でいわれている一般的な常識や概念をそのまま伝えるのであれば、あえて、著者は本という形にする必要がない。

著者は、自分の新しい説、アイデアを伝えるために、本という形にしている。その新説に至るためには、葛藤があったはずだ。

著者の問いを見つけるには、つぎの三つのステップで見つけていこう。

ステップ１：本のカバー、帯などを読む

ステップ2：著者のプロフィールをチェックする
ステップ3：「〜とは」に注目して、著者の問いを「はじめに」「おわりに」から探す

本の装丁には、本を売るために、編集者と著者がしかけてくれたメッセージがたっぷりある。本を手に取るかどうかの九割は、カバー（と帯）にかかっている。だから、たくさんのメッセージが載っている。

たとえば、つぎのページにあるように、スイスの実業家のロルフ・ドベリの『Think clearly　最新の学術研究から導いた、よりよい人生を送るための思考法』を見てみよう。

このカバー・帯の表には、「シンク・クリアリー」という言葉以外に、「最新の学術研究」「よりよい人生」「思考法」「複雑な世界」「スイスのベストセラー作家」「心理学」「哲学」「投資家」「52の考え方」などが書かれている。

裏を見れば、ドイツ元首相やテレビ司会者、ハーバード大学医学部名誉教授の推薦文が載っている。これを見ただけでも、情報が手に入る。

『Think clearly　最新の学術研究から導いた、よりよい人生を送るための思考法』のカバー（帯）のメッセージとは？

つぎに、著者のプロフィールをチェックする。

ロルフ・ドベリ
作家、実業家。
1966年、スイス生まれ。スイスのザンクトガレン大学卒業。スイス航空会社の子会社数社にて最高財務責任者、最高経営責任者を歴任後、ビジネス書籍の要約を提供する世界最大規模のオンライン・ライブラリー「getAbstract」を設立。35歳から執筆活動をはじめ、ドイツ、スイスなどのさまざまな新聞、雑誌にてコラムを連載。著書『なぜ、間違えたのか？――誰もがハマる52の思考の落とし穴』（サンマーク出版）はドイツ『シュピーゲル』ベストセラーリストで1位にランクインし、大きな話題となった。本書はドイツで25万部突破のベストセラーで、世界29か国で翻訳されている。著者累計売上部数は250万部を超える。小説家、パイロットでもある。現在はスイス、ベルン在住。

著者のプロフィールを見ると、スイスの実業家で、ベストセラー作家であることがわかる。**どんな人が書いているのかで、その後の本文の展開をなんとなく、推測することができる。**

ここから、「最新のビジネス書や、心理学、哲学、投資の内容を用いて、よりよい人生について、なにか語るのかなあ」と想像することができる。

「～とは」は最重要な言葉！著者の問いと意見がわかる

著者の問いを探すには、「～とは」という言葉を探すといい。

意外かもしれないが、「～とは」は、非常に重要な言葉だ。

けっして、目立つ言葉ではない。ただ、「～とは」に注目してみると、著者の問いが見えてくる。

「～とは」は、定義を表す言葉だ。この定義を著者はそのまま使うのか、それとも、独自の理論を展開して、再定義を行うのかが見えてくる。

それでは、この「〜とは」がどのように使われているのか、「はじめに（プロローグ）」と、「おわりに（エピローグ）」でチェックしてみよう。

『Think clearly　最新の学術研究から導いた、よりよい人生を送るための思考法』の「はじめに」を見てみよう。

大昔、少なくとも二五〇〇年前から、私たち人間は「よい人生」とはいったいどういうものだろうと考えつづけてきた。

いきなり、「〜とは」が使われている。「よい人生」に「とは」がついているので、この一冊は、著者の「よい人生」に関する問いについて書かれたのではと推察できる。

続いてこのような質問がある。

この世に生を受けたからには、できるなら幸せな人生を送りたい。
そのためには、どう生きればいいのだろう？　よい人生の条件とはなんだろう？　運やお金はどれぐらい大事なのだろう？

「よい人生」に関しての問いが続いているのがわかる。
「はじめに」を見たら、今度は「おわりに」に注目をする。

私は、よい人生について書くようになってから、よい人生とは何か、どう定義すればよいかを、いろいろな人から尋ねられるようになった。

ここから、著者の問いがやはり、「よい人生」に関するものであることがわかる。

著者の問いを見ることによって、著者の意見の所在がわかる。

もちろん、その一冊を完全に理解するためには、当然、著者がその問いに答えるために使った理論や参考文献を理解しなければならない。

さらに、その著者の意見の検証も、しっかり行うべきだ。

まずは著者の問いを探し、その問いについて、どうやって答えたのか探そう。

理性的な読書ができるPREP法

著者の「問い」を探すのに、定義の「〜とは」が役立つことがわかった。

今度は、アウトプットの型である要約を先に考え、予測しながら読んでいく方法をご紹介しよう。

PREP法というアウトプット思考のフレームワークがある。

結論（Point）、理由（Reason）、具体例（Example）、結論（Point）という展開だ。

このPREPは、「はじめに」「おわりに」「目次」を見ることによって、大まかな部分はつかむことができる。

まず著者の問いから、結論を推測する。先の『Think clearly 最新の学術研究から導いた、よりよい人生を送るための思考法』であれば、「よい人生」に関する結論（P）があることが予測できる。

つぎに理由（R）だが、「おわりに」に書かれているケースもあれば、本の全体を通して書かれていることもある。

そのつぎに、具体例（E）だ。具体例は、だいたい三つぐらいあげる。**三という数字は、脳が顕在意識で認識できる数字。**「具体例が三つありまして」というのと、「具体例が七つありまして」というのでは、やはり三のほうがわかりやすい。

最後に結論（P）は、冒頭の結論の繰り返しだ。同じものをそのまま繰り返す。

このPREP法というアウトプットの型を頭に入れて、読書をすれば、あなたの理性くんは満たされていく。

それでは、例として『Think clearly 最新の学術研究から導いた、よりよい人生を送るための思考法』のアウトプットの型を作ってみよう。

「おわりに」の中につぎの文がある。

> よい人生がどんなものかを言い表すことはできないが、どんなものでないかは確実に言うことができる。
> （中略）
> 人間は、自分たちがつくりあげた世界を、もはやわかっていないからだ。
> （中略）
> だから私たちには、いろいろな思考法が詰まった道具箱が必要なのだ。

ここまでで、つぎのようにある程度見えてくる。

結論（P）：この一冊は、著者の「よい人生」とはという問いによって書かれたものだ。
この本の中では、「よい人生」を送るための、いろいろな思考法が詰まった道具箱

について書かれている
理由（R）：この道具箱が必要な理由は、人間は、自分たちがつくりあげた世界を、もはやわかっていないからだ

つぎに必要なのは事例の三つだ。「おわりに」の先ほどの文章の後に書かれている。

この本で取り上げた五二の思考の道具の出典は、大きく分けて三つある。
ひとつ目は、過去四〇年にわたる心理学研究の成果だ。
（中略）
ふたつ目は、ストア派の思想だ。
（中略）
そして三つ目は、多数出版されている投資関連書籍だ。

この三つがそのまま具体例として、使える。

道具箱は、心理学、ストア派の思想、投資関連書籍から作られていて、それが実際に「よい人生」を送るための事例だと予測できる。

最後の結論は繰り返せばいいだけなので、この本の要約はつぎのようになる。

結論（P）：この一冊は、著者の「よい人生」とはという問いによって書かれたものだ。この本の中では、「よい人生」を送るための、いろいろな思考法が詰まった道具箱について書かれている

理由（R）：この道具箱が必要な理由は、人間は、自分たちがつくりあげた世界を、もはやわかっていないからだ

具体例（E）：この道具箱の事例を本書では、大きく三つの分野から集めている。心理学研究の成果、ストア派の思想、投資関連書籍の三つだ

結論（P）：本書を読むことで、「よい人生」を送るための思考法を手にすることができる

大まかな要約はこのような感じだ。

こうした大まかな要約の構成を、読みはじめる前の準備として行ってもいい。

もしくは、一回前章にあるような本能的な読み方で自分のために読む。その後、**やっぱり著者の意見をつかみたいという場合には、こうした構成を立ててから、読むことでより理性的な読書を行うことができる。**

もちろん、このやり方では、あくまで、「はじめに」「おわりに」しか見ていない。この先もっと理解を深めるために、この大まかな要約を元に、予測して読んでいく。

こうしたやり方をすると、理性的な脳は、これからどういうことが起こるのか予測しやすくなるので、心理的な承認を得た状態で読書を進めていくことができる。

予測読み！「しかし」の後に「著者の意見」がくる

論理的な構造として「どのように書いているのか」を意識しながら読書をすること

で、理性的な脳は磨かれていく。

このようにお話しすると、受験勉強の英語の長文読解を思い出す人もいるかもしれない。

長文読解のテクニックといえば、パラグラフリーディング。これは、パラグラフ（段落）の冒頭にどんな「接続詞」がきているのかに注目し、段落ごとの要点を捉えながら読み進める読解法だ。

こうした接続詞を「論理マーカー」という。**接続詞に注目していくことで、その段落の「言いたいこと」を予測できる。**

この方法は、英語の本で使いやすいし、日本語にも応用できる。

著者は、一般論と違うことをあえて伝えようとしている。

だから、**「しかし」などの逆接を用いた後に、意見を述べる。**

そして、その逆接の前に「譲歩」や「一般論」を用いる。逆接の前には、「逆接をこれからしますよ」という〝フラグ〟を立てるのだ。

「譲歩」があったら、つぎに「逆接」、そしてそのつぎに著者の意見がある。

たとえば、このような「譲歩」→「逆接」の接続詞に注目してみよう。

「たしかに」→「しかし」「けれども」「でも」


全体論、一般論を述べた後に、著者の意見がくることも多い。

「一般的に」→「私は」「じつは」「本当は」


このように、一か所見ただけで、予測することが可能になるのだ。

接続詞に注目するだけで、段落の構成や著者の主張がどこに隠されているのか、ある程度予測できるので著者の意見がつかみやすくなる。

理性的な読書が加速する「論理マーカー読み」

目新しさには欠けるけど、このような接続詞である論理マーカーに注目をしてみると、理性的な読書は加速できる。

くわしく論理マーカーを見ていこう。

◎逆接の論理マーカー

「しかし」「それにもかかわらず」「反対に」「それでもやはり」「それどころか」「そうではなく」など。

◎譲歩の論理マーカー

「たしかに」「もちろん」「〜かもしれない」「多くの場合」「一般には」「概して」「典型的に」「たいてい」「〜であろうとなかろうと」「どんなに〜でも」など。

◎理由の論理マーカー

「なぜなら」「その理由は」「つまり」など。

◆具体化系論理マーカー（A＝B）

英文の論理展開の基本は「抽象→具体」で、これを表現するため「例示」や「言い換え」が用いられる。「A（抽象）＝B（具体）」の構造を知っていれば、Aを理解できたら、Bは飛ばし読みできる。逆にAを理解できないなら、Bをしっかり読んでAの内容を推測することができる。日本語でもこれは同じだ。

◎言い換えの論理マーカー

「言い換えれば」「すなわち」「要するに」「厳密に言えば」「具体的に」「くわしく言うと」「はっきり言うと」「それは～を意味する」など。

◎例示の論理マーカー

「たとえば」「～のような」「～といった場合」「例として」「とくに」「とりわけ」「でさえ」など。

◆追加・並列系論理マーカー（A＋B）

ある事柄について新しい情報を追加し、「A＋B」のつながりを示すもの。追加されるものはさまざまだが、多くは「具体例」や「理由」を追加するために使われている。

◎追加の論理マーカー

「～と」「～もまた」「さらに」「加えて」など。

◎列挙の論理マーカー

「第一に」「つぎに」「はじめに」「第二に」「おわりに」「最終的に」「同様に」など。

「第一に」「はじめに」といった列挙の接続詞を見れば、「第二に」や「つぎに」そして「おわりに」を見ることで、同列の内容を見ることができる。

◆因果関係系論理マーカー（A↓B／A↑B）

とくに英語の論説文は論理的に構成されているため、因果関係が重要だ。

「だから」「いまや～なので」「理由は～」「結果として」「根拠として」「その結果」「要するに」「結論として」「～の原因として」「引き起こされる」など。

こうした論理マーカーを見ていくことで、つぎの文章や段落、章の予測ができる。

予測、推測が立てられるようになるので、**飛ばし読みや斜め読み、流し読みなどして、大事な部分に時間を割くことができるようになる。**

これらをもっと、学びたい場合には、「論理学」を学ぶことをおすすめする。

日本の学校は、論理学を必修とせず、高校の数学を通して論理を学ぶが、**海外の大学では、論理学を必修としているところが多い。**

なぜなら、意見を述べたら、その理由を述べる必要があるし、大学は再現性がある科学的なものを学ぶ場。「論理学」を学ぶことによって、論文が書けるのだ。

予測読みをさらに加速させる、プラスマイナス読み

先ほど受験勉強でもおなじみのパラグラフリーディングを紹介した。その他、受験勉強でも使われているもので理性的読書に役立つ読み方がある。

精読のように、一文一文ごとのプラスマイナスを見ていく読み方だ。

それは、形容詞や名詞、動詞のプラスマイナスで判断できる。

たとえば、つぎの一文。

> 優れたパフォーマンスを発揮し、大きな成果を達成するための取り組みとして新しくて現実的な方法は、個人にフォーカスするのをやめ、環境を中心に据えることだ。

この文の最初の「優れた」という形容詞から読み取れるのは、「優れた＝プラス」だ。

この後に、逆接などでひっくり返さないのであれば、**この一文はプラスの内容を示している。**

つぎの文章はどうだろうか。

もし環境が散らかっているのなら、あなたの心が散らかっているということだ。あらゆるものは、あなたが背負って生きなければいけない荷物なのだ。

この文は、「散らかっている」「背負って」の動詞から、マイナスな印象を受ける。その後の「荷物」は中立的な名詞だが、**この文ではマイナスと取れる。**

この二つの文は、ベンジャミン・ハーディの『FULL POWER　科学が証明した自分を変える最強戦略』からのものだ。この本は、これまでの意志力万能説を覆した本。たったこの二文を見ただけでも、意志力よりも、環境を整えるほうがいいという著者の意見がわかる。

著者のメッセージは、著者がどんなプラスマイナスの名詞や形容詞、動詞を使うのかでもわかるし、著者の感情が表現によって、見え隠れする。

先ほどの、論理マーカーとこのプラスマイナスを用いれば、その段落がプラスマイナスのどちらか推測がつくし、ここに著者の意見が入っているのかどうか、著者がどういった立場なのか判断できる。

ぼくの場合、こうしたトレーニングを積んだ結果、共感覚のように、モノクロの文章に色がついているように感じ取れる。プラスだと、ポジティブな色。マイナスだと、ネガティブな色といったように。

ただ、この文は本能的にプラスだとわかっても、理性的にはどうだろうかと確認し、根拠をもってプラスと言えるようにしている。

立場を変えて読む「取材読み」「著者読み」

ぼくはメディアから取材をしてもらうことがある。

記者によって、思いもよらない質問をいただいたり、ぼくが話した内容にうなずいたり、メモしたりしてくれるので話がはずむ。

この「取材」を読書にも応用するのはとても効果的だ。

現役東大生の西岡壱誠さんは、『東大読書』の中で、立場を変えて記者になって読む「取材読み」を紹介している。

本当に読解力を身に付け、本の内容を自分のものにするためには、「読者」ではなく「記者」にならなくてはダメ。**本を読むのではなく、本を取材しなければならない**と言う。「読者」は単に文字を見るだけだが、「記者」は相槌《あいづち》を打ちながら、時にはメモを取りながら、著者の話に耳を傾ける。目の前に著者がいたら、どのような質問をなげかけるのか考えながら読むことを述べている。

たしかに、立場を変えて読むことは、心理学の観点からも有効だ。

イリノイ大学アーバナシャンペーン校の読書研究センターの所長および名誉教授のリチャード・C・アンダーソンは、ジェームス・W・ピチャートとの共著論文「Recall of previously unrecallable information following a shift in perspective」の中で、**読み手が立場を変えるだけで、記憶の質が変わったことを発表している。**

あなた自身が記者になって取材するように本を読むだけでなく、今度はあなたが、その「著者」自身だったらどうだろうと、立場を変えて読んでみよう。一層読書が楽しくなってくるだろう。

読み手として本を読むのと、書き手として本を読むのはまったく違う。

芸人で芥川賞作家の又吉直樹さんは『夜を乗り越える』の中で、読者としての読み方と、小説を実際書く人の読み方の違いについて述べている。

「これはおもしろいものが書けると確信し書き始めました。でも原稿用紙十枚しか書けない。（中略）え、小説ってどういう構造になっているんだっけ。どんな文体が、構成が、方法があるんだっけ。

その時から初めてそういう視点でも小説を読むようになりました。おかげで読書がすごくおもしろくなりました。すべての作家をまず尊敬することができました」

読み手の視点から、書き手の視点に変えてみるだけで、読書は一層面白くなる。これまでとは、ものの見方が変わる。読み方も変わる。

この一文の後に、なぜ、この一文が続くのだろうか。

この一文の発想はどこからきているのだろう。

つぎの話の展開は、どのようにインスピレーションを得て書いたのだろうか。

それは、まるで探偵になったかのように、その著者の頭脳をトレースされていく。

そして、次第に、**著者の頭脳がインストールされていって、いつの間にか、著者と同じような発想ができるようになっていく。**


まずは記者のように、**目の前に著者がいるとしたら、どのようなことを聞くのかと考えて、どんどん疑問点、ツッコミどころを探していこう。**

この読み方ができるようになったら、今度はあなたがその著者自身に、どのようにその本文を書いていったのか、書き手の視点でその本を見ていこう。

また、お気に入りの著者になりきって、別の著者の本を読んでみると、普段とは異なったものの見方で読書ができる。

郵 便 は が き

料金受取人払郵便

新宿北局承認

8763

差出有効期間
2023年 3 月
31日まで
切手を貼らずに
お出しください。

169-8790

154

東京都新宿区
高田馬場2-16-11
高田馬場216ビル 5 F

サンマーク出版愛読者係行

ご 住 所	〒 　都道府県	
フリガナ		☎
お 名 前		(　　　)
電子メールアドレス		

ご記入されたご住所、お名前、メールアドレスなどは企画の参考、企画用アンケートの依頼、および商品情報の案内の目的にのみ使用するもので、他の目的では使用いたしません。
尚、下記をご希望の方には無料で郵送いたしますので、□欄に✓印を記入し投函して下さい。
□サンマーク出版発行図書目録

1 お買い求めいただいた本の名。

2 本書をお読みになった感想。

3 お買い求めになった書店名。

市・区・郡　　　　町・村　　　　書店

4 本書をお買い求めになった動機は?

・書店で見て　　　・人にすすめられて
・新聞広告を見て(朝日・読売・毎日・日経・その他=　　　)
・雑誌広告を見て(掲載誌=　　　)
・その他(　　　)

ご購読ありがとうございます。今後の出版物の参考とさせていただきますので、上記のアンケートにお答えください。**抽選で毎月10名の方に図書カード(1000円分)をお送りします。** なお、ご記入いただいた個人情報以外のデータは編集資料の他、広告に使用させていただく場合がございます。

5 下記、ご記入お願いします。

ご職業	1 会社員(業種　　) 2 自営業(業種　　) 3 公務員(職種　　) 4 学生(中・高・高専・大・専門・院) 5 主婦　　6 その他(　　)		
性別	男・女	年齢	歳

ホームページ　http://www.sunmark.co.jp　　ご協力ありがとうございました。

本能と理性の問い読み

記者や著者になりきっていくために、ぼくは問いを用いて読んでいる。

問いとは、「質問」と「疑問」に大きく分けられる。

質問とは、より自分に役立てる本能的な内容のもの。

疑問とは、理性を満たすもの。

ぼくは、ツッコミを入れるような感覚で、少しリラックスをしながら、問いを用いて読んでいる。

読む前に、この問いのうちのいくつかを選んでもいいし、読んだ後の確認に使ってもいい。

本能くんを満たす問い読み

1　この本で私にとって必要な箇所はどこか？

2　この本を通して、最初に私が実践すべき内容とは？
3　この本の心に響いたポイントはどこか？
4　この本は、私にどんな感情を与えてくれたのか？
5　この本を読んでいるとき、どんな感覚や、どんなシーンが浮かんだのか？
6　私の〇〇な悩みを解決するには、どこから読んだほうがいいか？
7　私の〇〇な悩みをいますぐ解決できる具体的な方法とは？

理性くんを満たす問い読み

1　この本において、著者の問いとはなにか？
2　著者がこの問いを用いて、伝えたいメッセージ、結論とは？
3　この本はどのように始まり、どのように終わったのか？
4　この本のキーメッセージ、キーコンセプトはなにか？
5　この本は誰に向けて、書かれているものなのか？
6　この本は、読者のどんなビフォー（痛み）を、どんなアフター（望み）に変えてくれるのか？　また、具体的なメソッド、ノウハウ、ハウツーとは？

7　この本を人にすすめるとき、どんなふうに紹介したら、届くだろうか？
8　この本が他の同ジャンルの本と、似ている部分、違っている部分とは？

こうした問いを用いて、「〜とは」「あえて」「〜といえば」を使ってその本についてまとめる。マーケティングにおいて、**定義の「〜とは」、比較優位の「あえて」、ナンバーワン、オンリー・ワンの「〜といえば」という言葉が重要だ。**

「この本とは、〇〇である」

「このジャンルの中で、あえてこの本を選ぶとしたら、他の本と比べて〇〇がいいからだ」

「〇〇といえば、この本しかない」


さらに、著者でも答えられない「未解決の問い」を探っていくことが、その分野における理解を深めていく。**シン・読書術は、読書してそれで終わりではない。読後が大切だ。**

物理学者のスティーブン・ホーキングを描いた映画『博士と彼女のセオリー』には、最初の妻との出会いの場面にこんな会話がある。

「なにを信じるのか？　宇宙のすべてを説明するたったひとつの方程式」

「ほんと？　どんな式」

「それが問題だ。いい質問だが、まだ答えがわからない。でも必ず見つける」

その分野の専門家でも、解決できていない部分を見つけることが、**自分の探っていくべき問いにつながっている。**

すでにある答えを知るよりも、「新しい問い」を発見すること。その「問い」に対して自分なりの答えを導くことが大事だ。

四

章

不確実な時代を生き抜くためのシン・読書術

不確実な時代を生き抜くための人間の特性

「人生一〇〇年時代」「働き方改革」

この言葉の元になったのは、ロンドンビジネススクールの教授、リンダ・グラットンの著書『**LIFE SHIFT**』『ワーク・シフト』からだ。

グラットンは、著書『The New Long Life』（アンドリュー・スコット共著）の中で、長寿化とテクノロジーのもたらされる不確実な世界において、生き抜く術《すべ》を描いている。

ロボット化や仕事の自動化の波により、二〇三〇年までに世界で八億人の雇用が失われること。日本の高齢化社会によるリスク、国の破綻、年金崩壊、医療費の増大、経済の弱体化――**こうした先行きが不透明な時代の中では、人間の創意工夫が必要だと述べている。**

そして、生き抜くためには、これまでも、そしてこれからも、人間の三つの特有の力が必須だという。その三つの力とは、**物語る力、探求力**（**学習と変容**）、**関係を築く力だ。**

物語る力は、人生という物語をナビゲートし、**人生に意味を与え、直面する問題に対し、役立つ物語を描く力だ。**自分の仕事はなんになるのか。どんなスキルが必要なのか。キャリアはどういうものか。年を取るとは――。

探求力は、人生のステージを移行するために、**学び、自分を変容させる力。**長い人生の中で、新しいキャリアをどう見つければいいのか、そのためにどのような新しいスキルを身に付ければいいのか、そして、新たな変化にどう対応し、新たなステージにどう移行していくかということだ。

関係を築く力は、**深くつながり、意味ある関係を築き、維持する力だ。**家族構成の変化や、地域との関わり、世代間の調和や、自分やその周りにできることとは、ということ。

こうした人間の特性を磨いていくのは、やはり「シン・読書術」に他ならない。

本を読むことは、言葉の力を高め、物語る力を磨いていく。小説やマンガを読むことはぼくたちに、さまざまな物語のパターンを教えてくれる。**物語のパターンをもつことで、これから起こるまだ見ぬことにも柔軟に対応できる。**

探求力も読書で磨かれていく。人類の中でも探検をしてきた種族が生き延びてきた。本能的な好奇心をもち、起こりうる問題に対処し、理性的に分析することで、再現性ある解決法を編み出してきた。**読書は、まだ見ぬ世界に足を踏み入れ、探索する力を磨いてくれる。**

また、関係を築く力も、読書で磨かれていく。**他者の書いたものを理解する力は、相手との関係を築く上で大切な共感力と共鳴力を磨いていく。**

このように、読書は不確実な時代であっても、人間の大切な特性を磨いてくれる。

さらに、人間の特性を磨くには、前章でも紹介したように、本能くんと、理性くんの二つのバランスが大事だ。

きっかけは、本能くんの好奇心。だけれども、本能くんの優位な子どもを見るとわかるように、飽きやすいし、興味は移ろいやすい。だから、**理性くんを磨いて、本能**

くんが見つけた興味や好奇心を元に探求を長く続けていくことが大切だ。

フィードバックなくして、不確実な時代は生き残れない

不確実な時代において、必要なスキルはつぎつぎと変わる。

これまでの時代は、「学習」「就業」「引退」の三つのステージしかなかった。しかし、それはもう終焉《しゅうえん》を迎え、時代の変化に合わせ新しいステージが生まれている。

こうした時代には、新しいステージに合わせて、新しいスキル習得が求められる。

読書は、そのスキル習得を早めることができる。専門知識やスキルを身に付けたり、資格を取ったりするために、本を読む必要がある人もいるだろう。

よりスキルを身に付けていく方法として、心理学者のアンダース・エリクソンによる「限界的トレーニング」の活用をおすすめしたい。

これは、さまざまな能力をよりアップするための方法。つぎの三つからなっている。

・フォーカス（目的と集中）
・フィードバック（評価）
・フィックス（見直す）

主に、**本を読んで、スキルを身に付けていくときにおすすめしたい方法だ。**

なりたい自分のために具体的な目的にフォーカスする

能力アップのための「限界的トレーニング」には、まず「フォーカス」だ。**「なにを目的にするのか」という自分自身の課題や目的を立てること。**それは具体的なほどいい。

たとえば、「読書力を向上させる」という目的があったとしよう。ただ、この目的だと、その日のトレーニングがうまくいったかどうかわからない。

目的を立てるコツは、Specific（具体的）、Motivating（動機づけ）、Attainable（達成可能性）、Relevant（関連性）、Trackable（追跡可能性）の「SMART」で考えるといい。

このSMARTを作成するコツはつぎのポイントをチェックするといい。

Specific（具体的）は、数字を入れる。
Motivating（動機づけ）は、自分ごとでワクワクすること。
Attainable（達成可能性）は、あと少しで手の届くもの。
Relevant（関連性）は、芋づる式に他の目標にも関連するもの。
Trackable（追跡可能性）は、期限が決まっているもの。

たとえば、「読書力を向上させる」よりも、「一か月以内に、一冊三〇分で自分の目的に関するヒントを得る」とすることで、数字が入り、より自分ごとになり、期限も決まって具体的になっている。

また、「ドラッカーの『マネジメント』を読みこなして、今年中に業績を一〇％上昇させる」や「ジム・コリンズの『ビジョナリーカンパニー』や『BE2.0』を読みこなして――」と、具体的に読みたいものを入れた目的でもいい。

こうした具体的な目的があると、フィードバックが得やすい。

長期的な目標を達成するためには、小さなステップを積み重ねていくプランを考えていく。知っていることを書き出していき、**なりたい姿、できている姿を作っていく。**

そして、これまでお話しした「呼吸を整える」「パラパラとさせてパカッと開く」「目に飛び込んできた箇所を読む」「指速読で読む」「『〜とは』に注目して著者の問いを探す」「論理マーカーで予測読みする」「PREPの構造を頭に入れて読む」など、今回の読書は、どこにフォーカスすればいいか決める。

たとえば、「一か月以内に、一冊三〇分で自分の目的に関するヒントを得る」の「論理マーカーで予測読みする」にフォーカスして読もうと決める。

フィードバックなくして成長は得られない

つぎに「フィードバック」だ。

フィードバックが正しく得られないと、スキルアップは図れない。

フィードバックの即時性、正確性、厳しさがあって人は成長していく。フィードバックなくして成長は得られないのだ。

最初は、三つのフィードバック「結果」「情報」「修正」に注目してみよう。

結果：成功したか・失敗したか

「一冊三〇分で自分の目的に関するヒントを得る」なら、タイマーのアプリを使って時間を計る。一冊の本にどのくらいの時間がかかっているのか、制限時間内に読めるのか、試してみる。

情報：「なにに」失敗したのか？

一冊三〇分で読めなかった場合、具体的になにに失敗したのか考えてみる。その時間のギャップはなにか書き出してみる。

「呼吸がうまくいかなかったのか？」「パラパラの感覚がうまくいかなかったのか？」「本を読む目的が明確でなかったのか？」「パカッと開いた後、読み込んでしまったのか？」「目に飛び込んできた箇所が難しすぎたのか？」「指速読の指の動きがよくわからなかったのか？」「著者の問いを探すのに時間がかかったのか？」「論理があまり見えなかったのか？」「PREPの構造でアウトプットのイメージができなかったのか？」もしくは、当初の「なりたい姿」の想定とはまったく違う、「新たなことが出てきたのか？」――といったように。

修正：「どうやったら」失敗を修正できるのか？

そして、見つかった具体的な問題を直していく方法を考えていく。この際に、誤りを適切に教えてくれるメンターや、仲間の存在が欠かせないものもある。フィードバックが得られる状態にすることが大切だ。

あえてコンフォートゾーンから少し抜け出す状態を作る

最後に、「フィックス」だ。**フィードバックで見えた課題を元に、修正を図る。**

これまでの三つの中で難しいのは、フィードバックが得られるように設計すること。そして、フィードバックを受け入れる本能くんと理性くんの状態を整えること。本能くんはちょっとした指摘におびえてしまう。本能がおびえてしまっては、理性くんが働かなくなってしまう。**心理的安全を作り出した上で、フィードバックを得られる状態にするのがポイントだ。**

さらに、学ぶ際に大事になってくるのは、**ただ学ぶのではなくコンフォートゾーン（快適な空間）から少し抜け出すような状態だ。**

実際にかかった時間から少しずつ短くして時間制限を厳しくしていく。

四〇分かかったものを、三五分、三〇分と少しずつ短くしていく。

時間的なプレッシャーをかけるとわかることがある。

自分がプレッシャーにより才能を発揮しやすいのか、それともかえってプレッシャーに追われて才能が発揮しにくいのかがわかる。

プレッシャーに弱いタイプなら、少しだけ難しいものにする。

手を伸ばしてギリギリ届くような、課題に設定することが大事だ。

仲間がいると能力は上がる！ オンラインサロンのすすめ

読書で難しいのは、フィードバックを得られる状態が少ないということ。

ひとりで読むことが多い読書。だからこそ、その本を読んだ後に、読めたのか、読めていないのか、その実感が湧きづらい。

そこで、おすすめなのはオンラインサロンだ。

探せば、自分の好きなことや趣味に合ったオンラインサロンが開かれている。そのオンラインサロンに所属し意見を交換すると非常によいフィードバックが得られる。またそこで誰かを応援したり、一緒に成長したりすることによって自分のファンを作っていくきっかけになるかもしれない。

ぼくが感じるオンラインサロンのいいところは、**そのジャンルごと、テーマごとに集まった人たちが面白いこと。**最初は、そのオンラインサロンの主宰者に興味があったものの、その場に集まる人たちが面白いことに気づいた。

そしてなにより、行動すればフィードバックが得られやすい環境に身を置けることが大きい。

やはり、なにかを学んだり、実行したりするときは、ひとりよりも仲間がいたほうがいい。**仲間がいたほうが、能力が上がることが研究結果からわかっている。**

ニュージーランド、オタゴ大学名誉教授ジェームズ・フリンは、ひとりがうまくなると、周りもうまくなることを発見した。

自分よりもスキルの高い仲間と一緒にプレーすることで能力は向上する。これを

「社会的相乗効果」と呼んでいる。

これは、読書も同じだ。

ひとりで学ぶよりも、仲間と一緒に学ぶことにより相乗効果を生み出すことができる。知識を独占するよりも、仲間と共有し合う。

ひとりでがんばるよりも、仲間でがんばったほうがやはり結果が出せるものだ。

原書と翻訳書を使ったフィードバック＆フィックス法

フィードバックを得られる状況をつくれば英語力も上がる。

ぼくは**自分の英語力チェックのために、すでに翻訳されている本とその原書を用意する**。まず、原書を読み終わった後に、三分ぐらいでその本のポイントだというところを三つあげる。

そしてその部分を正確に訳してみる。そこを翻訳書の中から探し出して、自分の訳した内容と照らし合わせてみる。

翻訳書がフィードバックしてくれるのだ。


つぎに、フィックス（見直す）だ。

そこで読んだ内容がまったく違う訳になっているのであれば、自分自身がなぜそのような間違った訳を作ってしまったかというところを考える。

それは文法なのか、単語なのか、それともまったく違った部分なのか見直す。

そしてフィードバックを元にして、今後の自分の英語力を高めるために修正して読んでいくようにする。

読書を忘れなくするフィードバック法

読んだ本の内容を瞬時に思い出せるようになるフィードバック法もある。

心理学者のジェフリー・カーピックとジャネル・ブラントが、学生の勉強法に対して実験をした。

テストで高い点数を取るために、つぎの四つのうち、あなたはどの勉強法を選ぶだろう。

・一回だけ教科書を読み返す
・何度も教科書を読み返す
・学習内容を自由に思い出す
・概念マップを作成する

この中で、もっとも高い点が取れそうなのは、「何度も教科書を読み返す」ではないだろうか。あなたもひょっとすると、この選択をしたかもしれない。

しかし、テストの結果は驚くべきものだった。**なんと、一番点数がよかったのは「学習内容を自由に思い出す」**。ついで「概念マップを作成する」。そして、「何度も教科書を読み返す」だったのだ。

学習内容を自由に思い出してみると、自分の中にどこまで記憶があるのかわかる。このように自分で自分をテストできる。

ぼくは大学生のころに、学習内容を自由に思い出すということや、概念マップとして、マインドマップや表を作るなどして試験を受けていた。

結果は、ほとんどの成績がＡＡで奨学金をもらった。

アメリカ屈指の学習系アルファブロガーのスコット・Ｈ・ヤングは、著書『ULTRA LEARNING 超・自習法』の中で、自己テストが効果のある理由として、「フィードバック」があるからではと分析している。

通常、受動的に読み返していても、自分がなにを理解していないかのフィードバックは得られない。しかし、テストからはフィードバックが得られる。

記憶から知識を呼び出そうとする行為は、それ自体が強力な学習ツールになるのだ。

だから、**読んだら忘れない読書のためには、読書時間は三分でも、三〇分でも、一時間でも二時間でもいいので、どんな本だったのか振り返ることが大事だ。**

やり方は、ノートやコピー用紙に、覚えていることを書き出してみる。書評をブログで書いてみるといったアウトプットもいい。

シンプルに、前章で紹介したＰＲＥＰ法という「結論（Point）→理由（Reason）→具体例（Example）→結論（Point）」という要点を書き出す方法でもいい。

本の難易度を知るためには真ん中から開く

なにかを学ぶ際に、入門書を手に取ることは多い。

一見、わかりやすいし、学びやすい。しかし、**入門書はそれだけで発展することは**

ない。

ワシントン大学心理学部教授のヘンリー・ローディガー、マーク・マクダニエルは、『使える脳の鍛え方』（ピーター・ブラウン共著）で、学びに対する概念をこうまとめている。

- 学ぶときの困難の中には、学習を強化して記憶を定着させるものがある
- 簡単な学習はたいてい表面的で、すぐ忘れる
- 知性のすべてが生まれつきではない。努力を必要とする学習によって実際に脳が変化し、神経の新しいつながりが生まれ、知能が向上する
- 解き方を教わる前に新しい問題を解く努力をするほうが、教わった後で解くより学習効果が高い
- どの分野でもすぐれた成果を上げるには、現在の能力水準を超える努力を惜しんではならない
- 努力は挫折に終わることも多いが、習熟する方法の調整に欠かせない情報が得られることも多い

ここからもわかるように、わかりやすいものや入門書だけで、学ぶのにはやはり限界がある。取りかかりにはいいかもしれない。だが、その先に行くためには、限界を突破していくことが必要になる。

本の難易度を確かめる方法として、元外交官の佐藤優さんは、池上彰さんとの共著『僕らが毎日やっている最強の読み方』でつぎのアプローチ法を述べている。

最初に、本の「真ん中」部分を少し読んでみること。冒頭と末尾は、著者と編集者が「売る」ために一生懸命力を入れて作るけど、**真ん中は書き手も編集者も緊張と集中力が続かず、中だるみしがち。この真ん中をパッと開いてみて、その本のレベルを計る。**パッと開いたときに、「現時点で自分が理解できる本」なのか、それとも「理解できない本」なのか、少し読み進めていけば、その水準がわかる。

ぼくがはじめて、『ビジョナリーカンパニー』を手にしたとき、分厚くて重たくて、パカッと開いたページもよくわからなかった。

開いたページには、生え抜きの経営陣、ジャック・ウェルチ、GE、ウエスチングハウス、フィリップ・モリス――というワードが出てきた。

その当時はよくわからなかった。でも、ワクワクした。とにかくこの本を読みたいと思った。

この本をもっと深く読むにはどうすればいいだろうと思ったら、不思議と本が引き寄せられてきた。『ジャック・ウェルチ　わが経営』という本が、ちょうど発売されたのだ。読み進めていくうちに、ジャック・ウェルチ、GEのことがわかった。そして、『ビジョナリーカンパニー』の生え抜きの経営陣の意味がわかったのだ。

そして、『ビジョナリーカンパニー』をもっと知りたくて、ここに出てくる人名、社名、ビジネス用語、経営用語、経済用語、参考文献を調べ、それがわかるような本をどんどん読んだ。そうしていくことで理解がどんどん進んだ。

このように、ぼくのやり方はその本を読んでワクワクするのかどうか。理性くんよりも、本能くんに任せている。

言葉が難しい、読んで理解ができるかよりも、ワクワクして、心が躍ってくるの

か、ここに重きを置いている。

だから、たとえ開いたページが難しいと感じてもあきらめないで。

その本があなたにとって、必要な本ならばチャレンジしてみよう。

入門書は最初に読むのではなく、アウトプットのために読む

「わからない本」には二種類ある。

ひとつは「デタラメ本」や「独創本」、著者の体験のみの「再現不能本」。巻末に参考文献リストがない時点で、理解できない可能性を考えたほうがいい。

もうひとつは「積み重ね方式の知識」が必要なもの。この知識の積み重ねが必要な本というのは、もしあなたが読みたいのであれば、やはり知識を積み重ねていくしかない。**この知識を積み重ねていく際に効果的なのは、教科書や学習参考書だ。**

この方法よりさらにおすすめの方法がある。

それは、**参考文献リストをかたっぱしから読んでみることだ。**

再現性が高い、良質な本ほど、参考文献リストがその著者の意見になった根拠となっている。参考文献リストを読むことで、著者の意見を一つひとつ検証できるし、著者の思考プロセスを学ぶことができる。

さらなる高みへ、限界を突破していきたい人は、参考文献リストをかたっぱしから読んでみることにもチャレンジしてみよう。

参考文献リストをかたっぱしから読んだ後に、入門書を活用するのがおすすめ。**入門書はわかりやすいから、あなたがアウトプットする際の基準となる。**

わかりやすく説明する参考として、使うことができる。

学びはじめに入門書より おすすめの本とは？

学びはじめには、入門書よりもおすすめのものがある。

それは、マンガだ。ぼく自身振り返ってみると、マンガで学んでいた。

昔は、「マンガばかり読んでいないで、勉強しろ！」とよく父に怒られた。

でも、**マンガはぼくたちの好奇心をくすぐり、新しい物語の世界へといざなう。ストーリーを通して、生きる力を与えてくれる。**

ファンタジーや、ＳＦ、空想の物語だけではなく、いまやいろいろなものがマンガ化されている。

ノウハウや教養、雑学的なもの、歴史、政治、宗教、さまざまなものがある。

デール・カーネギーの『人を動かす』や、スティーブン・コヴィー博士の『７つの習慣』など、自己啓発のロングセラーといったものもマンガ化されている。

もちろん、昔ながらの「日本の歴史」「世界の偉人」といった学習シリーズからも学べるが、週刊誌に連載されたような大人向けのエンターテインメントものも、学びになる。

政治は、『歴史劇画 大宰相』がおすすめ。原作は『小説吉田学校』だ。戦後の自民党史が学べる。政治はなかなか学びづらいけれど、『ゴルゴ13』のさいとう・たかをさんの絵で、楽しく学べるのが特徴だ。

ぼくは、歴史に関しては、横山光輝さんの『三国志』、王欣太さんの『蒼天航路』（原作者 李學仁さん）で学んだ。蜀の劉備視点なら『三国志』。魏の曹操視点なら『蒼天航路』。視点が変わるだけで、これほどまでにものの見え方が変わることが、面白い。

中国古典に関しては、蔡志忠さんの思想シリーズがおすすめだ。孔子に老子、荘子、孫子、韓非子から、仏教、般若心経、禅まで学べる。

学びだけでなく、新しい趣味を生み出すきっかけも、マンガが作ってくれる。

ぼくは、『キャプテン翼』を読んでサッカーが好きになり、『SLAM DUNK』を読んでバスケ好きになった。そして、テニスが好きになったときに、『テニスの王子様』

の連載が開始された。

なにかのきっかけには、常にマンガがある。**好奇心がくすぐられ、そのキャラクターの誰かに自分を重ね、その人物になったようになれるのも、マンガの魅力だ。**

マンガは新しい世界へと連れていってくれる。

入門書をなにか読むのであれば、マンガから入ってみることがおすすめだ。

天才のアウトプット術①
朝時間に創造的エネルギーを発揮

本は読んで終わりではない。

読後になにをするのかという、アウトプットが重要だ。

天才たちの習慣を調べてみると、多くの天才たちは、朝の時間を活用し、なにかを学び、アウトプットしていることがわかる。

オーストリアの天才作曲家のシューベルトは、子どものころから、毎朝六時になると、机に向かって、午後一時までぶっ通しで作曲を行っていた。

ドイツの文豪ゲーテもまた、創造的エネルギーを発揮できるのは、朝だけしかないとし、毎朝、本一ページ分を書いていた。

『レ・ミゼラブル』の著者ヴィクトル・ユーゴーも、夜明けとともに起き、午前一一時まで執筆をした。

多作家のチャールズ・ディケンズも、午前七時に起き、八時に朝食をとり、九時に書斎に入って、そこで午後二時まで過ごして、一日に二〇〇〇語近く書いた。

建築家のル・コルビュジエもまた、午前六時に起き、柔軟体操をした後、朝食をとって、午前中いっぱい絵を描いたり、執筆をしたりして創造的な時間を過ごした。

ぼくたちはつい、一日中頭の働きが一緒だと思っている。

実際は、**起きている約十六時間の間、頭の働きは変化している**。アルコールを摂取すると酔いの状態になって、ほてったり、ぼーっとしたりするのと同じぐらい、刻々と変動しているのだ。

安心してほしいのは、この変化は規則的で予測ができること。そのため、時間帯によって、最適な作業が変わる。

朝こそ、あなたの創造性を最大にする時間だ。

朝は、一日でもっともクリエイティブなことをする時間にしよう。

朝目覚めてから、約六時間が勝負。**約六時間後には、ストレス物質コルチゾールが増加する。**その後は、ランチとともに、私たちの認知は、不安定になってしまう。医療ミスが発生しやすいのは、午後二〜四時ごろというのもこれが関係している。

朝はノートや手帳を取り出し、夜寝る前に読んでいた本をどれだけ覚えているのか書き出してみるのもいい。さらには、朝三分読書で、引っかかった言葉を書き留めるというのもおすすめだ。

ジュリア・キャメロンの著書『新版 ずっとやりたかったことを、やりなさい。』で紹介されているモーニングページも有効だ。

モーニングページのやり方はとてもシンプル。ただノートや手帳を開いて、三〇分間、思いつくままに書き出してみること。**クリエイティブな活動をしている人ほど、**

朝の時間にこのような「書く瞑想《めいそう》」を行っている人が多い。

あなたも、朝の時間にクリエイティブのための、アウトプットをしてみよう。

天才のアウトプット術②
本への書き込みで思考を深める

アウトプットとしておすすめなのは、本をノートのように取り扱う「フリーノーティング」だ。これは、本の余白スペースに、書き込みを入れること。

天才や一流人の多くは、貴重な本や古典の本の欄外にもメモを書き込んでいる。

たとえば、フランスの歴史人口学者エマニュエル・トッドも、『エマニュエル・トッドの思考地図』で読書する際、本に直接メモをしていることを打ち明けている。

ハーバードメディカルスクールで教鞭《きょうべん》をとったアリス・フラハティは、『書きたがる脳』の中で、なにか書かなければいけないという強迫観念に天才たちが侵されていたことを明かしている。

天才たちはなにかをメモすることにより、自らの思考を深めている。

このテクニックは、素早く継続的にメモをすることが大事だ。

思いついたものをただそのまま書いてみる。

本を読んでいてアイデアが浮かんだら、本に直接メモを取ってみよう。もちろん、ふせんでもＯＫ。

途中で書くのをためらわないこと。**自分の中にあるデータを外に向けて書き流すということが大事になってくる。**

その際に、絵を描くなど落書きチックになってもかまわない。こうしたイメージを用いたものを描くと、記憶にも残りやすく学習能力も強化される。

そして、**書いた後に分析してみると、自分の思考の流れが理解できるだろう。**

考えやインスピレーションが頭に浮かんだときに、どんどん書いてみよう。

本に線を引いたり、なにかを書いておいたりすると、過去の自分とつながれる手がかりを作っておくことができる。**何年かした後に、その本を見返してみると、思いもよらず、線やメモから当時の自分の気持ちや感情がよみがえってくる。**

ぜひこの本の余白にも、自由に思いつくままに書いてみよう。

成功者は本を読んだ後、どう行動するのか？

成功者ほど、本を読んで終わりではなく、その後の行動を必ずしている。

行動計画について参考になるのが、ウォーレン・バフェットが専属パイロットに話した目標達成のコツだ。

1　目標を二五個、紙に書き出す
2　自分にとってなにが重要かをよく考え、もっとも重要な五つの目標に丸を付ける
3　丸を付けなかった二〇個の目標を目に焼きつける。**それらの目標には、今後は関わらないようにする。**気が散るし、余計なことに時間とエネルギーを取られてしまい、もっとも重要な目標に集中できなくなってしまうから

この方法は、大変理に適《かな》っている。

ぼくはこの方法を昔から行っている。ただ、バフェットには及ばないから、重要な目標は少し減らして三つにしている。それに、脳の作業記憶のメモリーは三つのほうがより捉えやすいということもある。

まず、一年の目標、ワクワクリストを書き出す。その中で三つに絞る。

そして、その三つの年間計画を立てる。

長期的な目標達成の方法は、「緊急性」↓「モデル」↓「問題と解決策」↓「仲間と仕組み」↓「限界突破」↓「最大の難関」↓「共振された世界」の七つの展開で考えてみる。くわしくは拙著『言葉の力を高めると、夢はかなう』で解説している。簡単に説明しよう。


「緊急性」：あなたの目標が動き出す、緊急性の高いポジティブな出来事とは？

「モデル」：あなたの目標をすでに達成している人は？　その人の本はないのか？

「問題と解決策」：新しいことにチャレンジしたとき、起こるいつもの障害とは？

その障害を乗り越えるきっかけとなる力はなにか？
「仲間と仕組み」：あなたの才能を支えるチームメンバーや仕組みとは？
「限界突破」：どんな分野の圧倒的なナンバーワンになっているか？
「最大の難関」：この目標の中で、最大の難関はどんなことだろうか？
「共振された世界」：目標を実現することで、あなたの人生はどのように変化するか？

この七つの展開を考えてみると、長期的な目標を達成するための諸条件が見つかってくる。これを三つの目標すべてにやってもいいし、ひとつだけやってみても、同じパターン展開が存在することに気づく。

大事なことは、**右肩上がりの計画ではなく、障害や問題を想定して、それに対応している柔軟な計画があるということだ。**

そして、月間の目標を、その諸条件の中から再度書き出す。

さらに、月間にやるべき目標を三つに絞って実行する。今度は、その三つに絞った目標を、週に割り当てる。

一週間一六八時間のうち、この三つにあてられる時間を考え、集中する。仕事なら八時間＋残業×五日＝五〇時間。この五〇時間に目標を達成するために必要な諸条件を満たすための行動を割り当てる。

プライベートや副業、趣味なら、全体の時間から割り出す。仕事、睡眠、食事・風呂の時間を算出すると、だいたい四〇時間ある。

起きている時間の最低一〇～二〇%ぐらいを、目標達成のための時間として割り当てたい。一六時間なら、約二時間前後だ。

この時間を目標達成のために割り当てて、集中的に行動しよう。

シン・読書術を無理なく実践する習慣

人間の脳は効率化を求めている。繰り返される行動は、習慣化しやすい。

習慣化のコツについては、いろいろある。なかでも、もっともシンプルなものは一番小さい形にすることだ。

『小さな習慣』の著者、スティーヴン・ガイズは、小さい形にすること、無理なくできる形にすることがとても大事だと述べている。**新しい習慣は、二つか三つ。ひとつの習慣を試しに一週間続けること。全部合わせても一〇分以内で終わるものがいい。**そして、〝ばかばかしいほど小さく行う〟こと。

これまでお話ししてきたシン・読書術では、「朝三分読書」が、ばかばかしいほど小さく行う読書習慣になる。「一日三分読書」でもいい。

さらに、失敗しないように、「または」を考えることが秘けつだと、ガイズは述べている。

本を三分間読む。「または」見開き一ページ読む。これでもいい。

これが読書を習慣にするファーストステップ。ステップアップには時間をかけることが大事だ。

習慣には、「時間ベース」「行動ベース」「フリースタイル」というパターンがある。

これも非常に有効なので、習慣化したい場合には行ってほしい。例をあげよう。

時間ベース：私は、「朝七時」に本を三分間読む。または、「一二時」に読む

行動ベース：私は「朝の歯磨きの後」、本を三分間読む。または、寝る前に、「ベッドに入ったら」本をパラパラしてから眠る

フリースタイル：特定の合図なし。二四時間以内に本を三分読む

それでも、習慣は続いた後に途絶えてしまうことがある。

ついつい、ぼくたちは習慣が続くと、量を増やし、より完璧を目指し行動をしてしまう。けれど、ハプニングを迎えた途端にやる気を失ってしまう。完璧にやっていたときほど、途絶えたときに、もうできないとやめてしまう。

そこで、参考になるのは、アメリカのベストセラー作家、人気ブロガーのジョン・エイカフの著書『FINISH! 必ず最後までやり切る人になる最強の方法』。行動が途絶えたときの、習慣の立て直し方について書いている。

その秘けつはじつにシンプルだ。

途絶えたタイミングから、リスタートをするタイミングを定めること。

リスタートするタイミングさえ、決めてしまえば、何度でもやり直すことができる。


新たに目標を立て直せば、何度でもやり直せる。

新年スタート、春節スタート、立春スタート、四月スタート、秋分の日スタート、新月スタート、毎月一がつく日スタート、日曜日スタート、月曜日スタート、誕生日スタート。なんだっていい！　**大事なのは、挫折してもやり直せる設定。**

そもそも、完璧に続く人なんていない。

まずは、一日三分読書から始めて、この行動を繰り返して、ルーチン化しよう。

できるかぎり、毎日同じタイミングで行動することで、どんどん読書が習慣化してくる。

よい書店との出合いは
よい本との出合いにつながる

ここまで、本を読むことのメリットや読書習慣のことをお話ししてきたけれど、ここでよい本との出合い方についてお話ししよう。

良書との出合いは、さまざまだ。

メンターや友だちからの紹介。偶然、書店で本に出合うというのもある。

ぼくが本を読むきっかけになったのは、神田昌典さんの『お金と英語の非常識な関係』に、いまはもうないブックファースト渋谷店で出合ったこと。ここから、つぎつぎといろんな本に出合うことになる。

良書と出合うときには、なんらかのシグナルがある。

サイバーエージェントの藤田晋さんの『渋谷ではたらく社長の告白』との出合いもそうだった。ぼくの母校の青山学院大学の入学式で、偶然当時の学長補佐のS教授が「わが校では藤田くんが――」と言っていた。その後すぐに、ブックファースト渋谷店で出合った。その後、その本に出てくるGMOインターネットに入り、起業を志すきっかけになった。

よい書店は、いい本と出合わせてくれる。

なかでもブックファーストは、ずっとお世話になっている。もうなくなってしまったけど、渋谷店は人生を変えてくれるような本にたくさん出合えた。

新宿店は、都内最大級の在庫冊数を誇り、**いま話題の本が必ずあるというのと、雑誌やメディア系のものが充実している。** ここでぼくは、八〇〇〇万円近く本を購入した(ここでしか使えないポイントカードは七万五〇〇〇ポイントほどある)。

新宿は、ブックファーストの他にも紀伊國屋書店がある。新宿本店は、**各階ごとにゆっくりどっぷりと、その本のテーマに浸りたいときに有効だ。** そして、一階エリアは、いま話題の本がずらりとある。ここに並んでいる本をチェックすればいまを知ることができるといえる。

少し足を延ばして東京駅には、丸善丸の内本店がある。ここは、**ビジネスパーソンが多いから、少し堅めのかっちりとした本を探したいときにおすすめだ。** ぼくは、いつも新幹線で出張するときはここに立ち寄り、本を数冊ここで買って、新幹線内で読むという活用をしている。

恵比寿に行けば、有隣堂アトレ恵比寿店がある。有隣堂は女性系エッセイや、スピリチュアル系が充実している。さらに恵比寿は、**ＩＴやデザイン系の会社が多いためか、スタートアップ系の本も充実している。**

大阪も、大好きな書店がたくさんある。

ポップや売り方が日本一だと、個人的に感じる紀伊國屋書店梅田本店。**ここに行けば、いま本当に売れている本がわかる。**

梅田から少し離れたＭＡＲＵＺＥＮ＆ジュンク堂書店梅田店は、ナガサワ文具センターが入っていて、**万年筆の魅力に浸れる。**

他にも、名古屋には、ジェイアール名古屋タカシマヤ内の三省堂書店名古屋本店、福岡は丸善博多店、熊本の蔦屋書店熊本三年坂、徳島なら平惣、香川なら宮脇書店。東北や北海道エリアでは、福島のジュンク堂書店郡山店、宮城の丸善仙台アエル店、金沢の未来屋書店、札幌の紀伊國屋書店――全国各地に好きな書店がたくさんある。

一つひとつの書店に色があって、またグループの色や店舗によっての個性がある。ぼく個人の印象だけど、オーソドックスなのは紀伊國屋書店、学術系なら丸善、トレンドを感じるならブックファースト、女性エッセイ系やスピリチュアルを選ぶなら有隣堂、オシャレで少しマイナーな本なら蔦屋書店、イベントなら三省堂書店だ。

このように、店によって並べ方や扱う本が違う。担当者の判断によって仕入れるのもあるため、書店によって出合える本が変わってくる。

だから、ぼくは本を書店で買うことをおすすめする。

書店は宝の山。フィードバックの宝庫でもある。書店の中に入り、雑誌の表紙を見れば、いま旬の俳優、アーティストがわかる。そこに書かれているコピーを見れば、いま世の中のトレンドがどのようなものになっているかが見えてくる。

自分の感覚と、世の中のトレンドがマッチしているかチェックできる。マーケティングとしても活用できるし、その地域の特性を見ることができる。

ただいるだけでも、偶有性のある、シンクロニシティが起こる特別な場所だ。

それも、行くだけなら無料なのだから、とってもお得。足を踏み入れるだけで、とても得した気分になれる。

書店で運命の一冊を探し出すコツ

本を読む習慣ができたら、お気に入りの書店を作ろう。

週に一回ないし、月に一回行く書店を決める。

本を探し出すときのコツは、書店に入る前に、自分の目的を考えてから入ること。

そうすると、一段と光っている本、目に飛び込んでくる本、主張してくる本に出合える。また、自分の専門分野にしたい棚の本をかたっぱしから、触れていこう（破損させたり、汚したりしないように気をつけよう）。ピンとくるものが出てくる。

そんな本を見つけたら、手に取って三分間読んでみよう。

「いまの私に、必要な箇所はどこですか？」

そう問いかけると、あなたがその本をいま必要なら、その本が答えてくれる。パラパラ、パカッと開いたページに、答えがある。

ビビッときたり、背筋がゾクッとする感覚があったり、「なるほど、たしかにふむふむ」と、自分を後押ししてくれる一文があれば、その本は買いだ。運命の一冊かもしれない。鮮度が落ちないうちに、その本をレジに持っていって買おう。

そうしていくうちに、書店があなたの日常の悩みの解決場所になる。本と書店があなたの日々の疲れやストレスを癒してくれる守りの場になってくれる。

読書の未来はどうなっていくか？

雑誌『Forbes』の「二〇二〇年のトップ一〇ビジネスブック」に選出された『2030年：すべてが「加速」する世界に備えよ』では、未来の本の形が予測されている。

それは、SF作家のニール・スティーヴンスンが一九九五年に発表した小説『ダイヤモンド・エイジ』で描かれている未来の本、そのものだ。

その本とは、**AIを搭載し、個々のユーザーに合わせて内容をカスタマイズする学習ツール**。ユーザーからの質問には、状況に合わせて、興味をそそるような答えを返す。センサーを使ってユーザーのエネルギーレベルやそのとき抱いている感情をモニタリングし、狙い通りの成長を促すために、最適な学習環境を生み出す。その本の目的は、人を社会のニーズに適合させるためではなく、強く、独立心と、共感力にあふれ、クリエイティブな思考のできる人間の育成というものだ。

これは、もう実現しつつある現実なのだ。

また、もっと近い将来、本は自動翻訳され、一言語だけでも読める時代がくるだろう。Kindleもしくは、その他の読書端末で、自動翻訳がされる時代がやってくる。技術的にならら、もう可能だ。

そのときには、英語の本であろうと、中国語の本であろうと、「翻訳」というボタ

ンを押すだけで、一瞬にして日本語で読める。

すでに、通常の日常会話ぐらいの言葉であれば、自動翻訳してくれるサービスが生まれている。これと同じように、本も自動翻訳されて、どんな言語でも手軽に読める時代がくる。

どの言語で書かれたものでも自動翻訳される時代、さらには、ＡＩ搭載の本が近い将来出てくるようになったとき、必要とされるのはなんだろう。

それは、これまでに学んできた、**素早く読める本能的な読書力と、書かれた内容以上に深める理性的な読書力を通して、導き出した「新しい問い」を深く考える力だ。**

未来の本の誕生を心待ちにしながらも、どんな時代も生き抜くために、シン・読書術をあなたの力にしていってほしい。

エピローグ

本を読むことでなにが起こるのか？

◎新しい自分を生み出せる

読書とは、心に響く一文に出合えるかどうかだ。

その一文を見つける方法は、本をパラパラ、パカッと開いて、本能くんに選んでもらってもいいし、深く読んで理性くんに論理的に導き出してもらってもいい。

そのとき、著者の意見を理解することは二の次でいい。

あなたの心を動かす一文が、あなたの人生を支え、役立ってくれる。


いまは、先行きの見えない不確実な時代だ。

この時代を生き抜くためには、いまの視点から、いかにものの見方を変えて、新しい「問い」と「自分」を生み出すのかが重要になる。

自分の才能をどのように使って、どんな選択をするのか――。

誰かに作られた人生を歩むのか、本当に好きなことをする人生を歩むのか――。

その選択肢は、あなたの手の中にある。

本を読むことで、自分で人生をゼロから作り上げられる力が手に入る。

新しい世界は、ひとつの小さな行動から始まる。

本を手に取ろう。本を手に取って、ページを開き、その一文から新たな一歩を踏み出そう。どんな小さな一歩でもいい。

行動することで、あなたの人生はそこから変わるんだ。

あなたが変わることは、周りを変えて、世界をよりよい方向に向かわせることだ。

◎本を読んだその先に待っている仲間

もうあなたは、ひとりじゃない。

本に触れ、開き、読むたびに、その本の著者があなたの味方になってくれる。

苦しいときも、つらいときも、人生に打ちのめされそうなときも、あなたのそばにいて、あなたにアドバイスしてくれる。

そしていつしか、本を読んだことにより、大切な仲間ができる。

いままでの自分では出会えなかった人。出会っていたけれど、これまでは心が響き合えなかった人。**そうした人が、本を読むことによって、あなたの現実の味方になってくれる。**

最後に、感謝を。

本書の内容は、ぼくひとりで書けたものではない。

この本は多くの先人の本と、大切な友人たち、そして、編集者との話し合いの中で生まれた。本当に感謝しています。

サンマーク出版、植木宣隆社長、金子尚美編集長。

経営コンサルタント、作家の神田昌典さん。フォトリーディングの開発者、ポール・シーリィ博士。マインドマップ開発者の故トニー・ブザンさん。

スイス・ローザンヌ大学のイヴ・ピニュール教授。

マルチリンガル・メソッドの新条正恵さん。そして、レゾナンスリーディング・インストラクターの山川祐樹さん、生乃三陽子さん、渡邉雅也さん、武田英子さん。ファシリテーターの岩井香織さん、大竹秀敏さん、鍵原吉浩さん、金子純子さん、北村志麻さん、菊池未希子さん、鈴木純子さん、冨桝喜久子さん、西尾拓真さん、西脇みえこさん、村上英範さん、山本誠一郎さん、山本容子さん。

オンラインサロンメンバーのみなさん。

本当にありがとう。

そして、この若輩者の、新しい読書術を読んでくれた読者のあなた。

本書は、あなたの人生が向上するように書き上げた。本書の一部を読んだだけでも、読書の罪悪感が減り、本のある日常につながったらうれしい。

最後まで読んでくれて、本当にありがとう。心より感謝します。

本のもたらすエネルギーで、ひとりでも多くの人に、すべてのよきことが温泉のごとく訪れて、理想的な人生に共鳴した毎日が訪れつづけますように。

渡邊　康弘

参考文献

◎プロローグ

『2022――これから10年、活躍できる人の条件』神田昌典著(PHP研究所)
『3つの原理』ローレンス・トーブ著/神田昌典監訳/金子宣子訳(ダイヤモンド社)
『Generations』Neil Howe, William Strauss著(William Morrow Paperbacks)
『改訂新版 ものの見方について』笠信太郎著(KADOKAWA)
『物の見方 考え方』松下幸之助著(PHP研究所)
『ブラック・スワン』上下巻 ナシーム・ニコラス・タレブ著/望月衛訳(ダイヤモンド社)
『ワーク・シフト』リンダ・グラットン著/池村千秋訳(プレジデント社)
『LIFE SHIFT』リンダ・グラットン、アンドリュー・スコット著/池村千秋訳(東洋経済新報社)
『脳が認める勉強法』ベネディクト・キャリー著/花塚恵訳(ダイヤモンド社)
『セルフドリブン・チャイルド』ウィリアム・スティクスラッド、ネッド・ジョンソン著/依田卓巳訳(NTT出版)
『使える脳の鍛え方』ピーター・ブラウン、ヘンリー・ローディガー、マーク・マクダニエル著/依田卓巳訳(NTT出版)
『Learn Better』アーリック・ボーザー著/月谷真紀訳(英治出版)
『How We Learn』Stanislas Dehaene著(Viking)
『ベストセラーコード』ジョディ・アーチャー、マシュー・ジョッカーズ著/川添節子訳(日経BP)
『進化の意外な順序』アントニオ・ダマシオ著/高橋洋訳(白揚社)
『1冊20分、読まずに「わかる!」すごい読書術』渡邊康弘著(サンマーク出版)

◎一章

『プルーストとイカ』メアリアン・ウルフ著／小松淳子訳（インターシフト）
『デジタルで読む脳×紙の本で読む脳』メアリアン・ウルフ著／大田直子訳（インターシフト）
『知識を操る超読書術』メンタリストＤａｉＧｏ著（かんき出版）
『デキる大人の勉強脳の作り方』池谷裕二著（日本図書センター）
『コリン・ローズの加速学習法』コリン・ローズ著／森眞由美編訳（ＰＨＰ研究所）
『How to Develop a Brilliant Memory Week by Week』Dominic O'Brien著（Shelter Harbor Pr）
『脳は「ものの見方」で進化する』ボー・ロット著／桜田直美訳（サンマーク出版）
『人生がときめく片づけの魔法』近藤麻理恵著（サンマーク出版）
『PhotoReading』Paul R. Scheele著（Learning Strategies Corp）
『新版　あなたもいままでの10倍速く本が読める』ポール　Ｒ．シーリィ著／神田昌典監修／井上久美訳（フォレスト出版）
『LIMITLESS　超加速学習』ジム・クウィック著／三輪美矢子訳（東洋経済新報社）
『脳科学は人格を変えられるか？』エレーヌ・フォックス著／森内薫訳（文藝春秋）
『ジュラシック・コード』渡邊健一著／テレビ朝日原案（祥伝社）
『わが子がギフティッドかもしれないと思ったら』ジェームス・T・ウェブ、ジャネット・L・ゴア、エドワード・R・アメンド、アーリーン・R・デヴリーズ著／角谷詩織訳（春秋社）
『脳を鍛えるには運動しかない！』ジョン　Ｊ．レイティ、エリック・ヘイガーマン著／野中香方子訳（ＮＨＫ出版）
『Brain Inflamed』Dr Kenneth Bock著（Piatkus Books）
『THE BRAIN』David Eagleman著（Canongate Books Ltd）
『メタ認知　基礎と応用』ジョン・ダンロスキー、ジャネット・メトカルフェ著／湯川良三、金城光、清水寛之訳（北大路書房）
『感覚、知覚および心理生理学的過程の催眠性変容』ミルトン・H・エリクソン著／アーネスト・L・ロッシー編／羽白誠監訳（二瓶社）

『あなたの「天才」の見つけ方』エレン・ランガー著／加藤諦三訳（PHP研究所）
『最強の集中力』ニール・イヤール、ジュリー・リー著／野中香方子訳（日経BP）
『UCLA医学部教授が教える科学的に証明された究極の「なし遂げる力」』ショーン・ヤング著／児島修訳（東洋経済新報社）
『それでもなお、人を愛しなさい』ケント・M・キース著／大内博訳（早川書房）

◎二章

『三つの脳の進化　新装版』ポール・D・マクリーン著／法橋登訳（工作舎）
『生き方』稲盛和夫著（サンマーク出版）
『ミラーニューロン』ジャコモ・リゾラッティ、コラド・シニガリア著／茂木健一郎監修／柴田裕之訳（紀伊國屋書店）
『読書の技法』佐藤優著（東洋経済新報社）
『脳研究最前線』ジョナサン・D・モレノ、ジェイ・シュルキン著／佐藤弥監訳／大塚美菜訳（ニュートンプレス）
『マインド・ウォーズ　操作される脳』ジョナサン・D・モレノ著／久保田競監訳／西尾香苗訳（アスキー・メディアワークス）
『Eye and Brain』Richard L. Gregory著（Weidenfeld Nicolson Illustrated）
『ファスト&スロー』上下巻　ダニエル・カーネマン著／村井章子訳（早川書房）
『やり抜く人の9つの習慣』ハイディ・グラント・ハルバーソン著／林田レジリ浩文訳（ディスカヴァー・トゥエンティワン）
『チームが機能するとはどういうことか』エイミー・C・エドモンドソン著／野津智子訳（英治出版）
『恐れのない組織』エイミー・C・エドモンドソン著／野津智子訳（英治出版）
『本を読むときに何が起きているのか』ピーター・メンデルサンド著／細谷由依子訳（フィルムアート社）
『記憶と情動の脳科学』ジェームズ・L・マッガウ著／久保田競、大石高生監訳（講談社）
『ミラーニューロン』ジャコモ・リゾラッティ、コラド・シニガリア著／茂木健一郎監修／柴田裕之訳（紀伊國屋書店）
『「首から下」で考えなさい』シアン・バイロック著／薩摩美知子訳（サンマーク出版）
『Speed Reading』Tony Buzan著（Plume）

◎三章

『Think clearly 最新の学術研究から導いた、よりよい人生を送るための思考法』ロルフ・ドベリ著／安原実津訳（サンマーク出版）

『FULL POWER 科学が証明した自分を変える最強戦略』ベンジャミン・ハーディ著／松丸さとみ訳（サンマーク出版）

「Recall of previously unrecallable information following a shift in perspective」Anderson, R. C., & Pichert, J. W. Journal of Verbal Learning and Verbal Behavior. 1978 February; 17(1):1-12.

『東大読書』西岡壱誠著（東洋経済新報社）

『東大家庭教師が教える頭が良くなる読書法』吉永賢一著（中経出版）

『なぜ、読解力が必要なのか？』池上彰著（講談社）

『超一流が実践する思考法を世界中から集めて一冊にまとめてみた。』ガブリエル・ワインバーグ、ローレン・マッキャン著／小浜杳訳（ＳＢクリエイティブ）

『夜を乗り越える』又吉直樹（小学館）

『パラグラフリーディングのストラテジー　①読み方・解き方編』島田浩史、米山達郎、福崎伍郎著（河合出版）

『ディスコースマーカー英文読解』日比野克哉、成田あゆみ著（Z会）

『ENGLISH BOOSTER 大学入試英語スタートブック』石川和正、里中哲彦、成川博康、早川勝己、村瀬亨著（学研プラス）

『考える技術・書く技術』バーバラ・ミント著／山﨑康司訳（ダイヤモンド社）

『伝わるＷｅｂライティング』ニコル・フェントン、ケイト・キーファー・リー著／遠藤康子訳（ビー・エヌ・エヌ新社）

『ブランディングの科学』バイロン・シャープ著／加藤巧監訳／前平謙二訳（朝日新聞出版）

『ブランディングの科学　新市場開拓篇』バイロン・シャープ、ジェニー・ロマニウク著／加藤巧監訳／前平謙二訳（朝日新聞出版）

『ビジョナリーカンパニー』ジム・コリンズ、ジェリー・ポラス著／山岡洋一訳（日経ＢＰ）

『ビジョナリーカンパニー２ 飛躍の法則』ジム・コリンズ著／山岡洋一訳（日経ＢＰ）

『ビジョナリーカンパニー3 衰退の五段階』ジム・コリンズ著／山岡洋一訳（日経BP）
『ビジョナリーカンパニー4 自分の意志で偉大になる』ジム・コリンズ、モートン・ハンセン著／牧野洋訳（日経BP）
『BE2.0』Jim Collins, William Lazier著（Portfolio）
映画『博士と彼女のセオリー』ジェームズ・マーシュ監督／アンソニー・マッカーテン脚本

◎四章

『The New Long Life』Andrew J. Scott, Lynda Gratton著（Bloomsbury Pub Plc USA）
『超一流になるのは才能か努力か？』アンダース・エリクソン、ロバート・プール著／土方奈美訳（文藝春秋）
『やり抜く力』アンジェラ・ダックワース著／神崎朗子訳（ダイヤモンド社）
『お金と英語の非常識な関係』上下巻　神田昌典著（フォレスト出版）
『渋谷ではたらく社長の告白』藤田晋（幻冬舎）
『ULTRA LEARNING　超・自習法』スコット・H・ヤング著／小林啓倫訳（ダイヤモンド社）
『僕らが毎日やっている最強の読み方』池上彰、佐藤優著（東洋経済新報社）
『ごく平凡な記憶力の私が1年で全米記憶力チャンピオンになれた理由』ジョシュア・フォア著／梶浦真美訳（エクスナレッジ）
『全米記憶力チャンピオンが明かすどんなことも記憶できる技術』ネルソン・デリス著／吉原かれん訳（エクスナレッジ）
『ジャック・ウェルチ　わが経営』上下巻　ジャック・ウェルチ、ジョン・A・バーン著／宮本喜一訳（日本経済新聞出版）
『まんがでわかる　D・カーネギーの「人を動かす」「道は開ける」』藤屋伸二監修／nevまんが（宝島社）
『まんがでわかる　7つの習慣』フランクリン・コヴィー・ジャパン監修／小山鹿梨子まんが（宝島社）
『歴史劇画　大宰相』全10巻　さいとう・たかを著／戸川猪佐武原作（講談社）
『小説吉田学校』全8巻　戸川猪佐武著（学陽書房）
『三国志』全60巻　横山光輝著（潮出版社）
『蒼天航路』全36巻　王欣太漫画／李學仁原作（講談社）

『新版 ずっとやりたかったことを、やりなさい。』ジュリア・キャメロン著／菅靖彦訳（サンマーク出版）
『エマニュエル・トッドの思考地図』エマニュエル・トッド著／大野舞訳（筑摩書房）
『天才たちの日課』メイソン・カリー著／金原瑞人、石田文子訳（フィルムアート社）
『書きたがる脳』アリス・W・フラハティ著／吉田利子訳（ランダムハウス講談社）
『小さな習慣』スティーヴン・ガイズ著／田口未和訳（ダイヤモンド社）
『FINISH! 必ず最後までやり切る人になる最強の方法』ジョン・エイカフ著／花塚恵訳（ダイヤモンド社）
『When 完璧なタイミングを科学する』ダニエル・ピンク著／勝間和代訳（講談社）
『時間投資思考』ロリー・バーデン著（ダイレクト出版）
『最良の効果を得るタイミング』マイケル・ブレウス著／長谷川圭訳（パンローリング）
『Think Again』Adam Grant著（WH Allen）
『ペンローズのねじれた四次元〈増補新版〉』竹内薫著（講談社）
『Fashion, Faith, and Fantasy in the New Physics of the Universe』Roger Penrose著（Princeton University Press）
『言葉の力を高めると、夢はかなう』渡邊康弘著（サンマーク出版）
『2030年：すべてが「加速」する世界に備えよ』ピーター・ディアマンディス、スティーブン・コトラー著／土方奈美訳（NewsPicksパブリッシング）
『ダイヤモンド・エイジ』ニール・スティーヴンスン著／日暮雅通訳（早川書房）

※

映画『シン・ゴジラ』庵野秀明 脚本・編集・総監督／樋口真嗣 監督・特技監督
映画『シン・エヴァンゲリオン劇場版𝄇』庵野秀明 企画・原作・脚本／錦織敦史 総作画監督

新時代を生き抜くために必要な おすすめ二七五冊選

「なりたい自分」のために、どの分野が必要か複数ピックアップして、その中からまず一〇冊選んで読んでみることから始めよう。

学習・読書

1 『本を読む本』M.J.アドラー、C.V.・ドーレン【著】外山滋比古、槇未知子【訳】(講談社)
2 『新版 あなたもいままでの10倍速く本が読める』ポール R.シーリィ【著】神田昌典【監修】井上久美【訳】(フォレスト出版)
3 『新版 ザ・マインドマップ®』トニー・ブザン、バリー・ブザン【著】近田美季子【訳】(ダイヤモンド社)
4 『SPEED READING』Tony Buzan【著】(Plume)
5 『アインシュタインファクター』ウィン・ウェンガー、リチャード・ポー【著】田中孝顕【訳】(きこ書房)
6 『脳が認める勉強法』ベネディクト・キャリー【著】花塚恵【訳】(ダイヤモンド社)
7 『セルフドリブン・チャイルド』ウィリアム・スティクスラッド、ネッド・ジョンソン【著】依田卓巳【訳】(NTT出版)
8 『ULTRA LEARNING 超・自習法』スコット・H・ヤング【著】小林啓倫【訳】(ダイヤモンド社)
9 『UCLA医学部教授が教える科学的に証明された究極の「なし遂げる力」』ショーン・ヤング【著】児島修【訳】(東洋経済新報社)
10 『やり抜く力』アンジェラ・ダックワース【著】神崎朗子【訳】(ダイヤモンド社)
11 『超一流になるのは才能か努力か?』アンダース・エリクソン、ロバート・プール【著】土方奈美【訳】(文藝春秋)
12 『脳を鍛えるには運動しかない!』ジョン J.レイティ、エリック・ヘイガーマン【著】野中香方子【訳】(NHK出版)
13 『ハーバードメディカルスクール式 人生を変える集中力』ポール・ハマーネス、マーガレット・ムーア、ジョン・ハンク【著】森田由美 【訳】(文響社)
14 『成功するにはポジティブ思考を捨てなさい』ガブリエル・エッティンゲン【著】大田直子【訳】(講談社)
15 『潜在能力を最高に引き出す法』ショーン・エイカー【著】高橋由紀子【訳】(徳間書店)
16 『ごく平凡な記憶力の私が1年で全米記憶力チャンピオンになれた理由』ジョシュア・フォア【著】梶浦真美【訳】(エクスナレッジ)
17 『「知の技法」入門』小林康夫、大澤真幸【著】(河出書房新社)
18 『Think clearly 最新の学術研究から導いた、よりよい人生を送るための思考法』ロルフ・ドベリ【著】安原実津【訳】(サンマーク出版)

19『FULL POWER　科学が証明した自分を変える最強戦略』ベンジャミン・ハーディ【著】松丸さとみ【訳】（サンマーク出版）
20『最強の集中力』ニール・イヤール、ジュリー・リー【著】野中香方子【訳】（日経BP）
21『脳を鍛える最強プログラム』ジェームズ・ハリソン、マイク・ホブズ【著】櫻井香織【訳】（化学同人）
22『1冊20分、読まずに「わかる!」すごい読書術』渡邊康弘【著】（サンマーク出版）
23『30日で英語が話せるマルチリンガルメソッド』新条正恵【著】（かんき出版）
24『エブリデイ・ジーニアス』ピーター・クライン【著】神田昌典【監修】井出野浩貴、永田澄江【訳】（フォレスト出版）
25『Drop Into Genius』Paul R. Scheele【著】（ebook限定）

自己啓発・エッセイ

1『非常識な成功法則』神田昌典【著】（フォレスト出版）
2『楽しくなければ仕事じゃない』干場弓子【著】（東洋経済新報社）
3『ソース』マイク・マクマナス【著】ヒューイ陽子【訳】（ヴォイス）
4『新版 ずっとやりたかったことを、やりなさい。』ジュリア・キャメロン【著】菅靖彦【訳】（サンマーク出版）
5『人生を変えるモーニングメソッド』ハル・エルロッド【著】鹿田昌美【訳】（大和書房）
6『TQ』ハイラム・W・スミス【著】黄木信、ジェームス・スキナー【訳】（SBクリエイティブ）
7『完訳 7つの習慣』スティーブン・R・コヴィー【著】フランクリン・コヴィー・ジャパン【訳】（キングベアー出版）
8『絶対に成功を呼ぶ25の法則』ジャック・キャンフィールド【著】植山周一郎【訳】（小学館）
9『ベスト・パートナーになるために』ジョン・グレイ【著】大島渚【訳】(三笠書房)
10『史上最高のセミナー』マイク・リットマン、ジェイソン・オーマン【著】河本隆行【監訳】（きこ書房）
11『残酷すぎる成功法則』エリック・バーカー【著】橘玲【監訳】竹中てる実【訳】（飛鳥新社）
12『「原因」と「結果」の法則』ジェームズ・アレン【著】坂本貢一【訳】（サンマーク出版）
13『Letters to ME』アレックス・ロビラ【著】田内志文【訳】（ポプラ社）
14『5年後の自分を計画しよう』シェーン・J・ロペス【著】森嶋マリ【訳】（文藝春秋）
15『あなたはいつだってOK!』ルイーズ・L・ヘイ【著】住友進【訳】（ディスカヴァー・トゥエンティワン）
16『あなたの才能を引き出すレッスン』マリー・フォーレオ【著】瀧下哉代【訳】（KADOKAWA）
17『不安を自信に変える授業』クリステン・ウルマー【著】高崎拓哉【訳】（ディスカヴァー・トゥエンティワン）
18『ほんとうの愛と夢を手にした女性の物語』マーク・フィッシャー【著】経沢香保子【訳】（主婦の友社）

19『「有名人になる」ということ』勝間和代【著】(ディスカヴァー・トゥエンティワン)
20『自分を変えるレッスン』ワタナベ薫【著】(大和書房)
21『神崎恵のPrivate Beauty Book』神崎恵【著】(大和書房)
22『お金の神様に可愛いがられる「3行ノート」の魔法』藤本さきこ【著】(KADOKAWA)
23『思うことから、すべては始まる』植木宣隆【著】(サンマーク出版)
24『法則』舩井幸雄【著】(サンマーク出版)
25『生き方』稲盛和夫【著】(サンマーク出版)

人生・伝記

1 『ドラッカー名著集12 傍観者の時代』P.F.ドラッカー【著】上田惇生【訳】(ダイヤモンド社)
2 『イノベーション・オブ・ライフ』クレイトン・M・クリステンセン、ジェームズ・アルワース、カレン・ディロン【著】櫻井祐子【訳】(翔泳社)
3 『シャネル、革命の秘密』リサ・チェイニー【著】中野香織【訳】(ディスカヴァー・トゥエンティワン)
4 『ベルナール・アルノー、語る』ベルナール・アルノー【著】杉美春【訳】(日経BP)
5 『スティーブ・ジョブズ』全2巻　ウォルター・アイザックソン【著】井口耕二【訳】(講談社)
6 『Spotify』スベン・カールソン、ヨーナス・レイヨンフーフブッド【著】池上明子【訳】(ダイヤモンド社)
7 『NO RULES 世界一「自由」な会社、NETFLIX』リード・ヘイスティングス、エリン・メイヤー【著】土方奈美【訳】(日本経済新聞出版)
8 『トレイルブレイザー』マーク・ベニオフ、モニカ・ラングレー【著】渡部典子【訳】(東洋経済新報社)
9 『1兆ドルコーチ』エリック・シュミット、ジョナサン・ローゼンバーグ、アラン・イーグル【著】櫻井祐子【訳】(ダイヤモンド社)
10『現代語訳 福翁自伝』福澤諭吉【著】齋藤孝【編訳】(筑摩書房)
11『渋沢栄一自伝』渋沢栄一【著】(KADOKAWA)
12『本田宗一郎 夢を力に』本田宗一郎【著】(日本経済新聞出版)
13『佐治敬三と開高健 最強のふたり』北康利【著】(講談社)
14『井深大 自由闊達にして愉快なる』井深大【著】(日本経済新聞出版)
15『老舗の流儀』黒川光博、齋藤峰明【著】(新潮社)
16『赤の書[テキスト版]』C・G・ユング【著】河合俊雄【監訳】田中康裕、高月玲子、猪股剛【訳】(創元社)
17『オードリー・ヘップバーンの言葉』山口路子【著】(大和書房)
18『わが世界観』エルヴィン・シュレーディンガー【著】橋本芳契【監修】中村量空【訳】(筑摩書房)
19『フランクリン自伝』フランクリン【著】松本慎一、西川正身【訳】(岩波書店)
20『輝く都市』ル・コルビュジェ【著】坂倉準三【訳】(鹿島出版会)

21『岩田さん』ほぼ日刊イトイ新聞編(株式会社ほぼ日)
22『(改訂新版)スノーボール ウォーレン・バフェット伝』上下巻 アリス・シュローダー【著】伏見威蕃【訳】(日本経済新聞出版)
23『ダリ』サルヴァドール・ダリ【著】音土知花【訳】(マール社)
24『プリンシプルのない日本』白洲次郎【著】(新潮社)
25『Invent & Wander』Jeff Bezon【著】(Harvard Business Review Press)

ビジネススキル・仕事術・セールス・マーケティング・プレゼンテーション・文章術

1 『「週4時間」だけ働く。』ティモシー・フェリス【著】田中じゅん【訳】(青志社)
2 『LEAN IN』シェリル・サンドバーグ【著】村井章子【訳】(日本経済新聞出版)
3 『「最大効果!」の仕事術』ジェニファー・ホワイト【著】酒井泰介【訳】(PHP研究所)
4 『あなたはどう見られているのか』サリー・ホッグスヘッド【著】白倉三紀子【訳】(パイインターナショナル)
5 『PICK THREE』ランディ・ザッカーバーグ【著】三輪美矢子【訳】(東洋経済新報社)
6 『「稼ぎ力」ルネッサンス プロジェクト』渋井真帆【著】(ダイヤモンド社)
7 『自分を予約する手帳術』佐々木かをり【著】(ダイヤモンド社)
8 『売り込まなくても売れる!』ジャック・ワース、ニコラス・E・ルーベン【著】坂本希久子【訳】神田昌典【監修】(フォレスト出版)
9 『考える技術・書く技術』バーバラ・ミント【著】山崎康司【訳】(ダイヤモンド社)
10『ラテラル・シンキング入門』ポール・スローン【著】ディスカヴァー編集部【訳】(ディスカヴァー・トゥエンティワン)
11『最高の答えがひらめく、12の思考ツール』イアン・アトキンソン【著】笹山裕子【訳】(ビー・エヌ・エヌ新社)
12『ザ・プレゼンテーション』ナンシー・デュアルテ【著】中西真雄美【訳】(ダイヤモンド社)
13『ライト、ついてますか』ドナルド・C・ゴース、ジェラルド・M・ワインバーグ【著】木村泉【訳】(共立出版)
14『ワインバーグの文章読本』ジェラルド・M・ワインバーグ【著】伊豆原弓【訳】(翔泳社)
15『研修開発入門』中原淳【著】(ダイヤモンド社)
16『人を助けるとはどういうことか』エドガー・H・シャイン【著】金井壽宏【監修】金井真弓【訳】(英治出版)
17『新版 コーチングの基本』コーチ・エィ【著】鈴木義幸【監修】(日本実業出版社)
18『シリコンバレー式 最強の育て方』世古詞一【著】(かんき出版)
19『究極のセールスレター』ダン・ケネディ【著】神田昌典【監訳】齋藤慎子【訳】(東洋経済新報社)
20『伝わるWebライティング』ニコル・フェントン、ケイト・キーファー・リー【著】遠藤康子【訳】(ビー・エヌ・エヌ新社)
21『コンテンツ・マーケティング64の法則』アン・ハンドリー【著】(ダイレクト出版)
22『伝説のコピーライティング実践バイブル』ロバート・コリアー【著】神田昌典【監訳】齋藤

慎子【訳】（ダイヤモンド社）
23『ザ・コピーライティング』ジョン・ケープルズ【著】神田昌典【監訳】齋藤慎子、依田卓巳【訳】（ダイヤモンド社）
24『ブランディングの科学』バイロン・シャープ【著】前平謙二【訳】加藤巧【監訳】（朝日新聞出版）
25『ブランディングの科学［新市場開拓篇］』バイロン・シャープ、ジェニー・ロマニウク【著】前平謙二【訳】加藤巧【監訳】（朝日新聞出版）

お金・経済・政治

1『お金のシークレット』デビッド・クルーガー【著】神田昌典【訳】（三笠書房）
2『お金持ちになる科学』ウォレス D.ワトルズ【著】松永英明【訳】（ぜんにち出版）
3『1億円貯める方法をお金持ち1371人に聞きました』トマス・J・スタンリー【著】（文響社）
4『普通の人がこうして億万長者になった』本田健【著】（講談社）
5『ユダヤ人大富豪の教え』本田健【著】（大和書房）
6『お金を整える』市居愛【著】（サンマーク出版）
7『改訂版　金持ち父さん貧乏父さん』ロバート・キヨサキ【著】白根美保子【訳】（筑摩書房）
8『賢明なる投資家』ベンジャミン・グレアム【著】土光篤洋【監修】増沢和美、新美美葉【訳】(パンローリング)
9『お金の現実』岡本吏郎【著】（ダイヤモンド社）
10『私の財産告白』本多静六【著】（実業之日本社）
11『すでに起こった未来』P.F.ドラッカー【著】上田惇生、佐々木実智男、林正、田代正美【訳】（ダイヤモンド社）
12『21世紀の資本』トマ・ピケティ【著】（みすず書房）
13『ブロックチェーン・レボリューション』ドン・タプスコット、アレックス・タプスコット【著】高橋璃子【訳】（ダイヤモンド社）
14『国家』上下巻　プラトン【著】藤沢令夫【訳】（岩波書店）
15『政治学』アリストテレス【著】山本光雄【訳】（岩波書店）
16『史記』全8巻　司馬遷【著】小竹文夫、小竹武夫【訳】（筑摩書房）
17『論語』金谷治【訳注】（岩波書店）
18『貞観政要 全訳注』呉兢【編集】石見清裕【訳】（講談社）
19『実利論』上下巻　カウティリヤ【著】上村勝彦【訳】（岩波書店）
20『君主論』マキアヴェッリ【著】河島英昭【訳】（岩波書店）
21『戦争論』上下巻　クラウゼヴィッツ【著】清水多吉【訳】（中央公論新社）
22『講孟箚記』上下巻　吉田松陰【著】近藤啓吾【全訳注】（講談社）
23『失敗の本質』戸部良一、寺本義也、鎌田伸一、杉之尾孝生、村井友秀、野中郁次郎【著】（ダイヤモンド社）
24『国家はなぜ衰退するのか』上下巻　ダロン・アセモグル、ジェイムズ・A・ロビンソン

【著】鬼澤忍【訳】（早川書房）
25『歴史劇画 大宰相』全10巻　さいとう・たかを【著】戸川猪佐武【原作】（講談社）

経営・起業

1 『成功者の告白』神田昌典【著】（講談社）
2 『STARTUP』ダイアナ・キャンダー【著】牧野洋【訳】（新潮社）
3 『ドラッカー名著集1　経営者の条件』P.F.ドラッカー【著】上田惇生【訳】（ダイヤモンド社）
4 『ゼロ・トゥ・ワン』ピーター・ティール、ブレイク・マスターズ【著】関美和【訳】（NHK出版）
5 『ビジョナリーカンパニー2　飛躍の法則』ジム・コリンズ【著】山岡洋一【訳】（日経BP）
6 『ビジョナリーカンパニー4　自分の意志で偉大になる』ジム・コリンズ、モートン・ハンセン【著】牧野洋【訳】（日経BP）
7 『ブレイクスルー・カンパニー』キース R.マクファーランド【著】高橋由紀子【訳】（講談社）
8 『インビンシブル・カンパニー』アレックス・オスターワルダー、イヴ・ピニュール、フレッド・エティアンブル、アラン・スミス【著】今津美樹【訳】（翔泳社）
9 『めざせ!CEO』ジェフリー・J・フォックス【著】馬場先澄子【訳】金井壽宏【監修】（万来舎）
10『1万円起業』クリス・ギレボー【著】本田直之【訳】（飛鳥新社）
11『Yコンビネーター』ランダム・ストロス【著】滑川海彦、高橋信夫【訳】（日経BP）
12『アクセル』マーク・ロベルジュ【著】神田昌典、リブ・コンサルティング【監訳】門田美鈴【訳】（祥伝社）
13『カスタマーサクセス』ニック・メータ、ダン・スタインマン、リンカーン・マーフィー【著】バーチャレクス・コンサルティング【訳】（英治出版）
14『NEW POWER』ジェレミー・ハイマンズ、ヘンリー・ティムズ【著】神崎朗子【訳】（ダイヤモンド社）
15『カテゴリーキング　Airbnb、Google、Uberは、なぜ世界のトップに立てたのか』アル・ラマダン、デイブ・ピーターソン、クリストファー・ロックヘッド、ケビン・メイニー【著】長谷川圭【訳】（集英社）
16『なぜ人と組織は変われないのか』ロバート・キーガン、リサ・ラスコウ・レイヒー【著】池村千秋【訳】（英治出版）
17『謙虚なコンサルティング』エドガー・H・シャイン【著】金井壽宏【監修】野津智子【訳】（英治出版）
18『学習する組織』ピーター・M・センゲ【著】枝廣淳子、小田理一郎、中小路佳代子【訳】（英治出版）
19『巻き込む力』エヴァン・ベアー、エヴァン・ルーミス【著】津田真吾【訳】津嶋辰郎【監修】（翔泳社）
20『あなたは最初の100日間に何をすべきか』ニアム・オキーフ【著】黒輪篤嗣【訳】（日本経済新聞出版）
21『まず、ルールを破れ』マーカス・バッキンガム、カート・コフマン【著】宮本喜一【訳】（日本

経済新聞出版）
22『源泉』ジョセフ・ジャウォースキー【著】金井壽宏【監訳】野津智子【訳】（英治出版）
23『the four GAFA　四騎士が創り変えた世界』スコット・ギャロウェイ【著】渡会圭子【訳】（東洋経済新報社）
24『「Sカーブ」が不確実性を克服する』セオドア・モディス【著】寒河龍太郎【訳】（東急エージェンシー出版部）
25『シンクロニシティ［増補改訂版］』ジョセフ・ジャウォースキー【著】金井壽宏【監訳】野津智子【訳】（英治出版）

経営思想（thinkers50系※／2019年）

1 『ブルー・オーシャン・シフト』W・チャン・キム、レネ・モボルニュ【著】有賀裕子【訳】（ダイヤモンド社）
2 『インテグレーティブ・シンキング』ロジャー・マーティン【著】村井章子【訳】（日本経済新聞出版）
3 『P&G式「勝つために戦う」戦略』A・G・ラフリー、ロジャー・マーティン【著】酒井泰介【訳】（朝日新聞社）
4 『チームが機能するとはどういうことか』エイミー・C・エドモンドソン【著】野津智子【訳】（英治出版）
5 『恐れのない組織』エイミー・C・エドモンドソン【著】野津智子【訳】（英治出版）
6 『ビジネスモデル・ジェネレーション』アレックス・オスターワルダー、イヴ・ピニュール【著】小山龍介【訳】（翔泳社）
7 『バリュー・プロポジション・デザイン』アレックス・オスターワルダー、イヴ・ピニュール、グレッグ・バーナーダ、アラン・スミス【著】関美和【訳】（翔泳社）
8 『競争優位の終焉 市場の変化に合わせて、戦略を動かし続ける』リタ・マグレイス【著】鬼澤忍【訳】（日本経済新聞出版）
9 『When　完璧なタイミングを科学する』ダニエル・ピンク【著】勝間和代【訳】（講談社）
10『新装版　フリーエージェント社会の到来』ダニエル・ピンク【著】池村千秋【訳】（ダイヤモンド社）
11『機械との競争』エリック・ブリニョルフソン、アンドリュー・マカフィー【著】村井章子【訳】（日経BP）
12『ザ・ファーストマイル』スコット・D・アンソニー【著】津嶋辰郎、津田真吾、山田竜也【監修】川又政治【訳】（翔泳社）
13『Think Again』Adam Grant【著】（WH Allen）
14『GIVE & TAKE』アダム・グラント【著】楠木建【監訳】（三笠書房）
15『ORIGINALS』アダム・グラント【著】楠木建【訳】（三笠書房）
16『リーン・スタートアップ』エリック・リース【著】井口耕二【訳】（日経BP）
17『ワーク・シフト』リンダ・グラットン【著】池村千秋【訳】（プレジデント社）
18『LIFE SHIFT』リンダ・グラットン、アンドリュー・スコット【著】池村千秋【訳】（東洋経済

新報社）
19『メンバーの才能を開花させる技法』リズ・ワイズマン、グレッグ・マキューン【著】関美和【訳】（海と月社）
20『ハーバード流　キャリア・チェンジ術』ハーミニア・イバーラ【著】宮田貴子【訳】金井壽宏【監修】（翔泳社）
21『競争戦略論講義』パンカジュ・ゲマワット【著】大柳正子【訳】（東洋経済新報社）
22『なぜ、それを買わずにはいられないのか』マーティン・リンストローム【著】木村博江【訳】（文藝春秋）
23『買い物する脳』マーティン・リンストローム【著】千葉敏生【訳】（早川書房）
24『イヤなやつほど仕事がデキる』フランチェスカ・ジーノ【著】櫻井祐子【訳】（日本経済新聞出版）
25『ハーバード流ボス養成講座』リンダ・A・ヒル、ケント・ラインバック【著】有賀裕子【訳】（日本経済新聞出版）
26『ハーバード流逆転のリーダーシップ』リンダ・A・ヒル、グレッグ・ブランドー、エミリー・トゥルーラブ、ケント・ラインバック【著】黒輪篤嗣【訳】（日本経済新聞出版）
27『[新装版]アントレプレナーの教科書』スティーブン・G・ブランク【著】堤孝志、渡邊哲【訳】（翔泳社）
28『スタートアップ・マニュアル』スティーブン・G・ブランク、ボブ・ドーフ【著】飯野将人、堤孝志【訳】（翔泳社）
29『ONLYNESS』ニロファー・マーチャント【著】栗木さつき【訳】（大和書房）
30『アリババ』ミン・ゾン【著】土方奈美【訳】（文藝春秋）
31『90日で成果を出すリーダー』マイケル・ワトキンス【著】伊豆原弓【訳】（翔泳社）
32『TRUST』レイチェル・ボッツマン【著】関美和【訳】（日経BP）
33『シェア』レイチェル・ボッツマン、ルー・ロジャース【著】小林弘人【監修】関美和【訳】（NHK出版）
34『コア・コンピタンス経営』G.ハメル、C.K.プラハラード【著】一條和生【訳】（日本経済新聞出版）
35『経営は何をすべきか』ゲイリー・ハメル【著】有賀裕子【訳】（ダイヤモンド社）
36『異文化理解力』エリン・メイヤー【著】田岡恵【監訳】樋口武志【訳】（英治出版）
37『EA ハーバード流こころのマネジメント』スーザン・デイビッド【著】須川綾子【訳】（ダイヤモンド社）
38『THIS IS MARKETING』セス・ゴーディン【著】中野眞由美【訳】（あさ出版）
39『「紫の牛」を売れ!』セス・ゴーディン【著】門田美鈴【訳】（ダイヤモンド社）
40『〈パワーポーズ〉が最高の自分を創る』エイミー・カディ【著】石垣賀子【訳】（早川書房）
41『NINE LIES ABOUT WORK　仕事に関する9つの嘘』マーカス・バッキンガム、アシュリー・グッドール【著】櫻井祐子【訳】（サンマーク出版）
42『ティール組織』フレデリック・ラルー【著】鈴木立哉【訳】（英治出版）
43『BE2.0』Jim Collins,William Lazier【著】（Portfolio）

44『選択の科学』シーナ・アイエンガー【著】櫻井祐子【訳】(文藝春秋)
45『トータル・リーダーシップ　世界最強ビジネススクール　ウォートン校流「人生を変える授業」』スチュワート.D・フリードマン【著】塩崎彰久【訳】(講談社)
46『名経営者が、なぜ失敗するのか?』シドニー・フィンケルシュタイン【著】橋口寛【監訳】酒井泰介【訳】(日経BP)
47『やる気が上がる8つのスイッチ』ハイディ・グラント・ハルバーソン【著】林田レジリ浩文【訳】(ディスカヴァー・トゥエンティワン)
48『人に頼む技術』ハイディ・グラント【著】児島修【訳】(徳間書店)
49『だれもわかってくれない』ハイディ・グラント・ハルヴァーソン【著】高橋由紀子【訳】(早川書房)
50『やり抜く人の9つの習慣』ハイディ・グラント・ハルバーソン【著】林田レジリ浩文【訳】(ディスカヴァー・トゥエンティワン)

未来・ポピュラーサイエンス・アカデミック

1『2030年:すべてが「加速」する世界に備えよ』ピーター・ディアマンディス、スティーブン・コトラー【著】土方奈美【訳】(ニューズピックス)
2『ネクスト・ソサエティ』P・F・ドラッカー【著】上田惇生【訳】(ダイヤモンド社)
3『富の未来』上下巻　アルビン・トフラー、ハイジ・トフラー【著】山岡洋一【訳】(講談社)
4『3つの原理』ローレンス・トーブ【著】神田昌典【監修】金子宣子【訳】(ダイヤモンド社)
5『シンギュラリティは近い』レイ・カーツワイル【著】NHK出版【編集】(NHK出版)
6『フューチャー・オブ・マインド』ミチオ・カク【著】斉藤隆央【訳】(NHK出版)
7『ホーキング、宇宙を語る』スティーヴン・W　ホーキング【著】林一【訳】(早川書房)
8『ペンローズのねじれた四次元〈増補新版〉』竹内薫【著】(講談社)
9『スケール　生命、都市、経済をめぐる普遍的法則』上下巻　ジョフリー・ウェスト【著】山形浩生、森本正史【訳】(早川書房)
10『隠れていた宇宙』上下巻　ブライアン・グリーン【著】竹内薫【監修】大田直子【訳】(早川書房)
11『重力波は歌う』ジャンナ・レヴィン【著】田沢恭子、松井信彦【訳】(早川書房)
12『流れといのち』エイドリアン・ベジャン【著】柴田裕之【訳】(紀伊國屋書店)
13『しらずしらず』レナード・ムロディナウ【著】水谷淳【訳】(ダイヤモンド社)
14『この世界を知るための人類と科学の400万年史』レナード・ムロディナウ【著】水谷淳【訳】(河出書房新社)
15『「幸せ」をつかむ戦略』富永朋信、ダン・アリエリー【著】(日経BP)
16『銃・病原菌・鉄』上下巻　ジャレド・ダイアモンド【著】倉骨彰【訳】(草思社)
17『ブラック・スワン』上下巻　ナシーム・ニコラス・タレブ【著】望月衛【訳】(ダイヤモンド社)
18『時間は存在しない』カルロ・ロヴェッリ【著】冨永星【訳】(NHK出版)
19『サピエンス全史』上下巻　ユヴァル・ノア・ハラリ【著】柴田裕之【訳】(河出書房新社)
20『LIFESPAN』デビッド・A・シンクレア、マシュー・D・ラプラント【著】梶山あゆみ【訳】

(東洋経済新報社)
21『DEEP THINKING 人工知能の思考を読む』ガルリ・カスパロフ【著】染田屋茂【訳】(日経BP)
22『ファスト&スロー』上下巻　ダニエル・カーネマン【著】村井章子【訳】(早川書房)
23『進化は万能である』マット・リドレー【著】大田直子、鍛原多惠子、柴田裕之、吉田三知世【訳】(早川書房)
24『人類とイノベーション』マット・リドレー【著】大田直子【訳】(ニューズピックス)
25『P.F.ドラッカー経営論』ピーター F.ドラッカー【著】ハーバード・ビジネス・レビュー編集部【編訳】(ダイヤモンド社)

スピリチュアル/宗教

1 『ザ・シークレット』ロンダ・バーン【著】山川紘矢、山川亜希子、佐野美代子【訳】(KADOKAWA)
2 『ザ・マジック』ロンダ・バーン【著】山川紘矢、山川亜希子、佐野美代子【訳】(KADOKAWA)
3 『こうして、思考は現実になる』パム・グラウト【著】桜田直美【訳】(サンマーク出版)
4 『宇宙に上手にお願いする法』ピエール・フランク【著】中村智子【訳】(サンマーク出版)
5 『1日10分で人生は変えられるのに』ドリーン・バーチュー【著】磯崎ひとみ【訳】(ダイヤモンド社)
6 『聖なる予言』ジェームズ・レッドフィールド【著】山川紘矢、山川亜希子【訳】(KADOKAWA)
7 『人生の意味』キャロル・アドリエンヌ【著】住友進【訳】(主婦の友社)
8 『エメラルド・タブレット』M.ドウリル【著】田中恵美子【訳】(竜王文庫)
9 『フラワー・オブ・ライフ』ドランヴァロ・メルキゼデク【著】脇坂りん【訳】(ナチュラルスピリチュアル)
10『22を超えてゆけ』辻麻里子【著】(ナチュラルスピリット)
11『アトランティスの叡智』ゲリー・ボーネル【著】大野百合子【訳】(徳間書店)
12『ホツマ物語』鳥居礼【著】(新泉社)
13『ホツマで読むヤマトタケ物語』池田満【著】(展望社)
14『バシャール・ペーパーバック』全6巻　バシャール、ダリル・アンカ【著】関野直行【訳】(ヴォイス)
15『英雄の旅 ヒーローズ・ジャーニー』キャロル・S.ピアソン【著】鏡リュウジ【監訳】鈴木彩織【訳】(実務教育出版)
16『すごい「神社参り」』中井耀香【著】(KADOKAWA)
17『邪気祓い』碇のりこ【著】(日本文芸社)
18『INTEGRAL LIFE PRACTICE』ケン・ウィルバー、テリー・パッテン、アダム・レナード、マーコ・モレリ【著】鈴木規夫【訳】(日本能率協会マネジメントセンター)
19『星使いノート』海部舞【著】(SBクリエイティブ)

20『日本の神様カード』大野百合子【著】（ヴィジョナリー・カンパニー）
21『エノクの鍵』J.J.ハータック【著】紫上はとる、小野満麿【訳】（ナチュラルスピリット）
22『聖書』共同訳聖書実行委員会【著, 翻訳】日本聖書協会【著】（日本聖書協会）
23『A Course in Miracles』Foundation For Inner Peace【著】（Foundation for Inner Peace）
24『エソテリック・ティーチング』ダスカロス【著】真理子・ランバート、ハラランボス・ランバート【監修】須々木光誦【訳】（ナチュラルスピリット）
25『古事記伝』全4巻　本居宣長【撰】（岩波書店）

歴史小説

1 『天空の舟』上下巻　宮城谷昌光【著】（文藝春秋）
2 『太公望』上中下巻　宮城谷昌光【著】（文藝春秋）
3 『管仲』上下巻　宮城谷昌光【著】（KADOKAWA）
4 『晏子』全4巻　宮城谷昌光【著】（新潮社）
5 『孟嘗君』全5巻　宮城谷昌光【著】（講談社）
6 『奇貨居くべし』全5巻　宮城谷昌光【著】（中央公論新社）
7 『劉邦』上中下巻　宮城谷昌光【著】（毎日新聞出版）
8 『草原の風』上中下巻　宮城谷昌光【著】（中央公論新社）
9 『三国志』全12巻　宮城谷昌光【著】（文藝春秋）
10『水滸伝』全19巻　北方謙三【著】（集英社）
11『チンギス紀』全10巻　北方謙三【著】（集英社）
12『楊家将』上下巻　北方謙三【著】（PHP研究所）
13『小説伊勢物語 業平』髙樹のぶ子【著】（日本経済新聞出版）
14『義経』上下巻　司馬遼太郎【著】（文藝春秋）
15『空海の風景』上下巻　司馬遼太郎【著】（中央公論新社）
16『楠木正成』上下巻　北方謙三【著】（中央公論新社）
17『国盗り物語』全4巻　司馬遼太郎【著】（新潮社）
18『功名が辻』全4巻　司馬遼太郎【著】（文藝春秋）
19『徳川家康』全26巻　山岡荘八【著】（講談社）
20『竜馬がゆく』全8巻　司馬遼太郎【著】（文藝春秋）
21『燃えよ剣』上下巻　司馬遼太郎【著】（新潮社）
22『坂の上の雲』全8巻　司馬遼太郎【著】（文藝春秋）
23『ローマ人の物語』全15巻　塩野七生【著】（新潮社）
24『ルネサンスの女たち』塩野七生【著】（新潮社）
25『小説　イタリア・ルネサンス』全4巻　塩野七生【著】（新潮社）

(※)thinkers50とは、「経営思想のアカデミー賞」と呼ばれる賞。

2年ごとに世界の経営思想家のランキングが発表されており、このリストをチェックすることで、現代のビジネス状況に適した実践的かつ普遍的な経営理論を学ぶことができる。不確実な時代を生き抜くために、このリストをぜひ、チェックしてほしい!

渡邊康弘（わたなべ・やすひろ）

日本トップレベルの「読書家」。

青山学院大学経済学部卒。幼少期より、読書が大の苦手だったこともあり、二度大学受験に失敗する。20歳のときに神田昌典氏の本に出合い本が読めるようになり、人生が激変。ベンチャー企業の立ち上げに関わり、ゼロから8億の売上を作る（後にマザーズ上場）。神田昌典氏の会社のパートナーとして、事業参画し、日本最大級の読書会「リード・フォー・アクション」を立ち上げ独立。独立後、最新の脳科学、行動経済学、認知心理学を基にした独自の読書法「レゾナンスリーディング」を生み出し、10歳から91歳まで全国3500人以上が実践している。

年間の読書数は、（洋書含め）ビジネス書で2000冊、文芸書、実用書含め年間3000冊以上。「日本トップ5」に間違いなく入るほどの読書家。この膨大な読書量によりビジネス、歴史、科学、芸術、スピリチュアルに関するさまざまな知識をもつ。

「読書」というスキルを通して、その専門知識を実務レベルで実践。その結果、短期間で、驚くほどスキルレベルが向上する「研修プログラム」や個人の「自己実現のプログラム」などをつぎつぎと開発。そのコンテンツは高い評価を受けており、上場企業やベンチャー企業、地方の有力企業での講演歴多数。企業コンサルタントも務める。

読書の苦手な人をなくし、読書を通じて夢をかなえる人を増やすべく、書評などの読書情報の発信や読書イベント、海外著者との交流会を催すなど、読書文化を広げる活動を行っている。
著書に『1冊20分、読まずに「わかる!」すごい読書術』『言葉の力を高めると、夢はかなう』（サンマーク出版）。翻訳協力に『ビジネスモデルYOU』（翔泳社）、『イルミネート:道を照らせ。』（ビー・エヌ・エヌ新社）がある。

レゾナンスリーディングHP:
https://www.resonancereading.com

アメブロ公式ブログ:
https://ameblo.jp/resonancereading

ものの見方が変わるシン・読書術

2021年 6月20日 初版発行
2021年 7月25日 第3刷発行

著 者 渡邊康弘
発行人 植木宣隆
発行所 株式会社 サンマーク出版
東京都新宿区高田馬場2−16−11
(電) 03−5272−3166
印 刷 株式会社暁印刷
製 本 株式会社村上製本所

ISBN978-4-7631-3915-3 C0030

ホームページ https://www.sunmark.co.jp

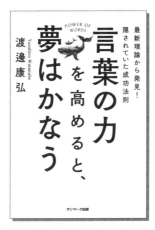